RELATION FIDÈLE

DU MIRACLE

DU SAINT SACREMENT,

ARRIUÉ A FAUERNEY, EN 1608;

SUIUIE

DE LA DESCRIPTION DES ARCS DE TRIOMPHE,
DES EMBLEMES ET DIUERSES RESJOUISSANCES QUE FIRENT LES DOLOIS
A L'ARRIUÉE DE LA SAINTE HOSTIE,

PAR J. BOYUIN;

Et publiée par M. AL. GUENARD, Bibl.-Adj.

AVEC UNE PRÉFACE ET DES NOTES.

BESANÇON,

TYPOGRAPHIE DE OUTHENIN-CHALANDRE FILS.

—

1839.

En donnant au public ce précieux Opuscule du président Boyvin, nous osons espérer quelque reconnaissance des amis de notre histoire et de nos lettres comtoises. Après deux siècles, une copie de ce manuscrit vient d'être heureusement retrouvée. Diverses circonstances de forme, plusieurs passages même de la narration où se produit le *moi* de l'auteur, la bonne foi sans aucun intérêt des Ursulines chez qui elle fut faite il y a une centaine d'années, et surtout cet excellent style du *siège de Dole*, si net, si franc, si pittoresque, ne peuvent pas permettre le moindre doute sur son authenticité. Une première édition parut à Dole l'an dernier, au moment des fêtes de la Pentecôte. Mais cette publication incorrecte, d'un format vulgaire, était peu digne de Boyvin, de l'affectueux respect que nous portons à nos grands hommes, et d'un siècle, où, si nous abandonnons un peu trop notre passé et ses idées, nous professons du moins pour lui des sympathies scientifiques et littéraires, triste et doux retour vers nos aïeux, qui n'est pas sans consolation, et qui peut-être un jour ne sera pas sans fruit.

Le président Boyvin est sans contredit l'un de ceux dont la mémoire nous appelle le plus vivement par tout ce qu'il a su dire et faire, par son courage et son talent, par son dévouement universel et son intelligence qui ne l'était pas moins, en un mot par les œuvres de sa vie et de sa plume. Né en 1574, avocat général, puis conseiller, puis enfin président au parlement de Dole, chargé d'importantes missions pour l'archiduc Albert, illustré par la défense de sa patrie en 1636, campagne glorieuse dont malgré sa robe et son mortier il fut à la foi l'Homère et l'Achille, il mourut le 13 septembre 1650. Jurisconsulte, il nous a laissé: *La suite des ordonnances de Pétremand,* un *commentaire sur la pratique judiciaire* et des *observations sur la coutume du comté de Bourgogne;* mathématicien, il composa un *traité de Géométrie* qui est perdu et un *traité d'algèbre* que possède la bibliothèque de Dole; * numismate, il écrivit un *traité des monnayes, des devoirs et des offices du général des monnayes;* ** homme d'art comme homme de science, son *traité d'architecture* n'est point venu jusqu'à nous. Mais la jolie église des jésuites avec son portail si bien entendu et si gracieusement brodé, l'hôtel Dieu, l'ancien hôtel municipal, la sainte

---

* M. Pallu, conservateur de ce bel établissement, a eu la complaisance de mettre à notre disposition de nombreux matériaux qui nous ont été fort utiles pour les notes historiques qui complètent cette relation; nous le prions d'en agréer nos remerciments.

** Le manuscrit original de cet ouvrage, retrouvé récemment par M. de Contréglise, fait partie de son précieux cabinet.

chapelle, sont, pour ses talents d'architecte, de plus irrécusables témoins que les pages d'une théorie.

Après le *siége de Dole*, le petit ouvrage que nous publions est le plus important de ceux qui nous restent de lui, sous le double rapport de la religion et de l'histoire. La première partie contient une narration circonstanciée de l'incendie, du miracle, de sa reconnaissance solennelle, de son examen quasi juridique, et de l'adoration pieuse des populations qui accourent de toutes parts. C'est un récit plein d'ordre, de clarté, de foi, de critique, intéressant dans ses détails, et rehaussé par ce style si excellemment pur et vif, qui caractérise la manière de Boyvin. La seconde partie comprend l'acquisition par la ville de Dole, grâce à l'entremise de l'archiduc Albert, *puissant moyenneur de ce commerce*, de l'une des hosties miraculeuses. Dom Doresmieux abbé de Faverney cède à cette haute intercession, en stipulant quelques conditions d'honneur pour son abbaye. Suit l'histoire des pèlerins distingués qui vont querir l'Hostie sainte ; députation composée de ce que la ville a de plus illustre ; le départ de Faverney, et surtout l'admirable procession qui se forme au moment où le parlement avec son Président le mortier à la main, le magnifique recteur avec ses huissiers, le clergé des environs, les charmantes filles de Dole, viennent à la rencontre de la litière escortée qui portait le précieux fardeau. Tous ces détails de costume qu'il est de mode aujourd'hui, car la mode pénètre jusque dans les études historiques, de rechercher si avidement et d'étaler si complaisamment, sont décrits avec un charme plein à la fois d'éclat et de minutie. Qui ne sera enchanté du jeune homme, « vestu en nymphe, avec sa juppe d'armesin bleu céleste chargée de lyons et de billettes récamées d'or, » offrant, après un beau discours *d'une modeste hardiesse*, les clefs de la ville au Saint-Sacrement ? Qui ne prendra plaisir à ces fêtes de la Pentecôte 1609, à ces blasons, à ces inscriptions, à ces vers composés par Boyvin le poëte, à cet arc de triomphe érigé par Boyvin l'architecte, à ces saintes parades, sortes de pieux déguisements, représentations dramatiques en action, décrites par Boyvin l'historien? Qui n'entendra avec bonheur ces cloches, ces salves d'artillerie, ces nobles cliquetis d'armes, combats simulés, jeux de religion et de gloire pour cette population catholique et guerrière qui se préparait ainsi au siége qu'elle devait soutenir un peu moins de 30 ans après?

Deux siècles sont passés, une conquête a fait de nos franchises un souvenir, deux révolutions ont compromis tout l'ordre d'idées dont vivaient et pour lequel mouraient nos pères : mais l'anniversaire de ces joies nationales et religieuses a surnagé dans la tempête et survécu même aux reliques pour lesquelles il était né. Un écho lointain de 1608 et 1609 retentit chaque année aux fêtes de la Pentecôte, entre ces mêmes murailles, dans ces mêmes rues, à l'ombre de ces mêmes autels, au pied de ce même clocher dont la moitié tomba pendant le siége sous les canonnades françaises. Le caractère dolois aussi est resté le même : une foi intelligente, une critique joyeuse qui ne touche point aux choses saintes, je ne sais quel amour du plaisir qui pourtant conserve une certaine révérence à la loi de Dieu ; la science de cette vie et le désir de l'autre ; de la bienveillance au cœur, du trait dans l'esprit ; un langage vif, animé, ingénieux ; du patriotisme local ; du dévouement à la cité ; un concivisme ardent ; toutes qualités qui appartenaient à Boyvin, qu'il résumait en lui, comme l'homme dont l'influence sur les siens a été réelle et durable. Plusieurs se révèlent incidemment et involontairement dans la narration suivante, achèvent de combler pour nous l'intervalle des temps, et nous font goûter à sa lecture un attrait tout spécial qui double l'intérêt en le restreignant à notre province.

Besançon, avril 1839.

Il n'y a ny siécle, ny prouince, qui n'ait veu des euenemens admirables du Saint-Sacrement de l'autel, dont les reliques sont encor aujourd'huy religieusement conseruées auec admiration et vénération par les peuples Catholiques, en diuerses contrées de l'Espagne, de l'Italie, de la France, de l'Allemagne, des deux Bourgongnes, et de tant d'autres qui exposent à la veüe de tous, les argumens irréprochables de cette vérité. Je n'entreprends pas d'en faire icy le dénombrement, ny de retourner sur les pas de ceux qui ont louablement fraïé ce chemin, je me veux resserrer dans les bornes du sujet que je me suis proposé, pour pousser aussi auant qu'il me sera possible, dans la mémoire de la postérité, l'illustre miracle des Hosties de Fauerney, auec ses circonstances les plus remarquables. Je n'ignore pas que ce dessein demanderoit vn esprit plus releué et vne plume plus sainte, plus sçauante et plus adroitte, pour n'estre pas indignement manié : mais je me sens touché d'vn pieux ressentiment, de ce que d'autres qui le pouuoient mieux faire, n'y ont pas trauaillé durant tant d'années.

Je me suis donc enhardy de l'entreprendre, auec vne humble et craintiue confiance, que le grand ouurier des merueilles ne désagréera pas ce foible effort de mon zèle, puisqu'il ne vise à autre but qu'à luy rendre l'honneur que toutes plumes et toutes langues, jusqu'aux plus enfantines et bégaïantes doivent aux ouurages inénarrables de ses mains.

La Franche-Comté de Bourgongne est assez connue et fréquentée à cause de son assiète, qui est entre la France et l'Allemagne, la Suysse, la Lorraine et la Savoye, comme qui diroit au cœur de l'Europe, selon la pensée des géographes qui ont dépeint cette maitresse partie du globe de la terre, sous la figure d'vne reine, dont l'Espagne représente le chef, et les Gaules sont comme la poitrine.

Cette petite Prouince est abondante en grains, en vins, en bois, en riuières poissonneuses, en minéraux de diuerses sortes, en salines presque miraculeuses, et en autres trésors de la nature. Mais ce qui la rend plus recommandable, c'est l'inuiolable fidélité de ses habitans enuers leurs princes naturels, auxquels ils se sont conseruéssans jamais varier, au milieu de tant de nations belliqueuses qui se laissant emporter au torrent des changemens humains, luy ont souuent donné de violentes secousses pour l'entraisner auec elle. Aussi, pour reconnoissance de cette impénétrable loyauté, ses souuerains, par vne affection réciproque, l'ont maintenue en l'exemption sans exemple de toutes tailles, subsides et impositions, d'où luy vient le titre glorieux de Franche-Comté.

La constance de ses peuples n'a pas été moindre en la religion : car estans des premiers de toutes les Gaules qui ont receus dans leur sein, comme dans vne terre feconde, la semence salutaire de l'euangile, et qui se sont aidés à l'espandre et cultiuer chez leurs voisins; on ne trouue point qu'ils se soient jamais détachés de l'vnion, n'y soustrais de l'obéissance de l'Eglise vniuerselle ; au contraire, ils ont si viuement et si généreusement fait teste à tous les sectaires et nouateurs, que la contagion pestilente de l'hérésie n'y a jamais pû prendre racine.

Ce n'est pas vne singularité sans merueille, durant ce siécle, auquel nous auons veu le débordement de tant d'opinions nouuelles, ou renouuellées, et puisées dans la sentine des anciennes erreurs, bouleuerser sens-dessus-dessous, et infecter d'impiétés, de libertinage et d'anathesme, les grands corps d'estats qui enuironnent et assiègent cette prouince, et que ce petit coing de terre n'ait pas couru la mesme fortune ; que parmy les orages qui ont fait échoüer et couler à fond les grands vaisseaux, cet esquif résistant aux flots, soit demeuré ferme comm'vn rocher ; qu'en l'embrasement de tant de grands palais, cette chaumine, qui les touche, se soit conseruée entiere au milieu des flammes déuorantes ; certes c'est vn coup du ciel et vne grace spéciale de la protection diuine. C'est à quoi la piété singulière des Souuerains du pays a fort heureusement coopéré auec la vigilance des magistrats ecclésiastiques et ciuils, auprès de qui, le plus énorme crime de tous, inexpiable par autre voie que par le sang des coulpables, c'est d'auoir mal senti et mal parlé de la religion catholique, apostolique et romaine, et d'auoir foulé ses saintes loix sous les pieds.

Sur la frontière de cette prouince, du costé de Bassigny et de la Lorraine, est assise vne petite bourgade, appelée Fauerney, auec une ancienne et célèbre abbaye de Religieux de l'ordre de saint Benoist, dont l'église est en grande vénération parmy les voisins, pour la réputation que ce déuost lieu s'est acquise, d'auoir été signalé de plusieurs graces par l'entremise de la glorieuse Mere de Dieu, à laquelle il est dédié. *

Vn sacristain de l'abbaye qui désiroit d'en reueiller la déuotion, impétra par vn bref de sa Sainteté, enuiron l'an seise cent et quatre, pour certain nombre d'années, des Indulgences en faueur de ceux qui, après estre confessés et repûs de la sainte Communion, visiteroient cette église, au jour de la Pentecoste, ou à celuy de l'vne des deux festes qui la suiuent; et affin d'y attirer les cœurs par le plus puissant et le plus aimable objet de nostre Religion, il remest sur pied la coustume ancienne, d'exposer en public, pour pareille occasion, le très-auguste Sacrement de l'Eucharistie, vray symbole de l'amour inconceuable que Jésus-Christ nous a porté.

La veille de la Pentecoste, l'an de grace seise cent et huit, le mesme sacristain poursuiuant ce qu'il auoit déuotement pratiqué à pareil jour des années précédentes, prépara au deuant d'vn grand

* Faverney, *Favernium*, *Faverniacum*, était une ville forte dès le 8ᵉ siècle. L'Abbaye reconnaît pour son fondateur saint Waré, seigneur Bourguignon, et premier abbé de Flavigny, mort vers l'an 747 (*Voyez* les Mémoires de D. Grappin.) Depuis la suppression des ordres religieux, les bâtiments de cette abbaye après avoir été convertis successivement en maison de réclusion pour les suspects pendant la terreur, et en hôpital militaire, pendant les guerres de la république, ont été vendus, et sont habités aujourd'hui par plusieurs familles.

treillis de fer* qui sépare le chœur d'auec la nef, à costé droit de la porte du chœur, vn autel sur vne table rehaussée d'vn degré, et par dessus dressé vn tabernacle de bois à quatre colonnes, reuestu de quelqu'étoffes de soye, de linge et de lacis,** couuert d'vn dais attaché contre le treillis, endossé de plusieurs tapis, et entouré de couronnes et autres semblables ornemens tirés de la sacristie, ou empruntés des familles honorables de la ville. Au dedans du tabernacle, il dispose vn marbre sacré garni d'vn quadre de bois, et le couure d'vn corporal pour y reposer le précieux corps de notre Rédempteur ; sur le devant de l'autel, il affiche le Bref en parchemin des indulgences octroiées par le souverain Pontife, auec les lettres d'attache sous le scel de l'ordinaire diocésain. A l'entrée des vespres, le prieur, officiant en l'absence de l'abbé, suiuy de tous les religieux, porte reueremment la très-sainte Eucharistie, dans la chapelle ainsy préparée, et pose sur le marbre, dans le tabernacle, le Ciboire*** sacré saint contenant deux Hosties consacrées et réseruées pour cet effet dès la messe conuentuelle du matin. Le Ciboire étoit d'argent

* Grille.
** Espèce de dentelle, connue maintenant sous le nom de Marly.
*** *Ostensoir*. Il avait été donné aux religieux par Guy de Lambrey, abbé de 1486 à 1520. (*Voy.* Mém. de D. Grappin. 75.)

doré sur les bords, ayant l'assiete large taillée à plusieurs pans, en forme de pied de calice : au milieu se voioit vn tuyau de cristal couché de son long, bordé d'anneaux de mesme métail, dans lequel estoient quelques ossemens d'vn doigt de sainte Agathe, vierge et martyre : ce cristal soutenu de deux branches en forme de consoles naissantes de la pomme du pied, et ayant par dessus deux autres petites branches, sur l'assemblage desquelles estoit entre, la lunette avec ses deux vitres ou cristaux, enfermant les deux Hosties. Elles auoient été redoublées en cette sorte pour remplir la capacité de la lunette vn peû trop large, et pour faire paroistre des deux costés l'image du crucifix empreinte sur l'vne des faces de chacune des Hosties, selon l'ancien vsage de ce monastère. Tout au dessus du cercle estoit vne petite croix à branches rondes et lisses, y seruant de couronnement. La pièce entière pesoit vn peu plus d'vn marc, ou huit onces, poids de Troyes.

La chapelle ainsy parée et assortie de lumières, demeure en cet estat durant la nuit suiuante, et tout le jour de la feste solennelle, qui fut célébrée par de fresquentes confessions, communions, visites et prieres des habitans de la ville et du voisinage.

Au soir, après que le peuple se fut retiré, le sacristain agence sur le bord de l'autel, au deuant du

Saint-Sacrement, deux lampes ou coupes de verre, dont on se sert ordinairement ès Eglises, supportées de deux chandeliers d'estain, et fournies de mesches ardentes, et d'huille suffisamment pour esclairer la nuit entière; et puis ferme soigneusement les portes, et laisse le tout ainsi qu'il auoit fait la nuit precedente, à la seule et seure garde de l'œïl toûjours veillant de la Diuinité.

Le lendemain, jour du lundy, vingt-sixième de may, sur les trois heures du mattin, le sacristain ouurant les portes de l'église, qui est vn beau et ample vaisseau, * la trouue toute régorgeante de fumée : et comm'il jette les yeux à l'abord sur la Sainte-Chapelle, n'y découure qu'vn nuage épais, à trauers duquel brillent les charbons ardens qui consument les restes d'vn plus grand embrasement. A ce spectacle, vn tremblement vniuersel du corps le saisit, et le fait tomber par terre. Il se relèue tout chancellant, et sortant dehors s'écrie à l'ayde, que tout est perdu, que l'église est tout en feu. Ses confrères religieux, et quelques habitans de la ville accourus à ce bruit, s'approchent du brasier, reconnoissant que la table qui auoit seruy d'autel

* Le même abbé de Lambrey avait, avant 1502, réparé le clocher et réédifié le portail de l'église détruit pendant l'occupation de la province par les bandes de Louis XI. L'abbé Franç. de Grammont, mort en 1595, fit bâtir la tour du clocher telle qu'elle est à présent, et réédifier la voûte de la nef principale, etc. (*Voy*. Mém. de D. Grappin. 75.)

est brûlée plus des deux tiers en la partie qui touchoit au treillis ; que le degré, le tabernacle, auec tout ce qui estoit à l'entour est entierement déuoré des flammes, et qu'il n'y a rien de reste que la portion du milieu du dais qui auoit été posé sur le Saint-Sacrement, et vne partie du deuant d'autel auec le bref des indulgences et des lettres d'attaches, qui se voyent sans autre dommage, sinon que le sceau de cire, qu'on appelle l'anneau du pescheur, est fondu, et le parchemin ridé et retiré par l'ardeur du feu; en sorte néanmoins que toute l'écritture y parroit encore entiere et aussi lisible qu'auparauant; ils rencontrent, sur ce qui reste de la table brûlée, l'vn des chandeliers d'estain, auec sa lampe encore pleine d'huille et la mesche esteinte, l'autre lampe cassée, et le chandelier qui la soutenoit fondu à la réserue d'vne pièce du pied.

Le trouble auquel ils estoient tous en cet empressement, ou l'épaisseur de la fumée, ne leur permet pas de voir où est le Reliquaire sacré, auec son précieux dépôt. Ils le cherchent sur le paué, parmy le brasier et les cendres ; à l'aide encore d'autres religieux et bourgeois qui suruiennent en foule, ils décourent le marbre brisé en trois pièces tellement eschauffées, qu'il est impossible d'en souffrir l'atouchement; le cadre auquel il avoit été enchassé ayant été consumé tout à fait ; deux chandeliers de cuiure tombés par terre, et l'vn d'iceux rompu par le milieu ; l'estain fondu de l'vn des chandeliers qui portoient les lampes ; les fragmens de la lampe cassée, et vne grande poutre de bois qui seruoit de seüil et de soubasse au treillis de fer, et vne autre qui lui seruoit de colonne, embrasés et brûlés à demy ; mais ils ne reconnoissent aucuns enseignes de la boiste sacrée sainte. Comme les religieux sont en cette perplexité, regrettans et accusans leur nonchalance à la garde d'vn trésor de si haut prix, vn nouice de l'eage de treize ans seulement, qui trauaille auec les autres à cette recherche, s'escrie qu'il a trouué ce qu'ils demandent, et leur montre le Ciboire auec ses adorables Hosties, suspendus en l'air sans aucun support, de la mesme hauteur qu'il auoit été placé, mais retiré de la largeur d'vne palme plus en arrière du costé de l'Euangile, et penchant par le haut, en sorte qu'il sembloit s'apuyer doucement contre vn nœud du treillis, par la pointe seulement de l'vne des branches de la petite croix ; le jour paroissant de toute autre part entre la custode* et le treillis. A l'instant ils se prosternent tous à deux genoux et adorent la Diuinité cachée sous ces espèces visibles,

* L'Ostensoir.

luy donnans mille bénédictions, et rendans graces infinies d'vne conseruation si prodigieuse.

Le Prieur et les Religieux n'osans pas y toucher, et ne sachans quel party prendre, s'assemblent et députent l'un d'entr'eux, pour passer promptement au couvent des Pères Capucins de la ville de Vesoul, qui n'en est éloignée que de trois lieues communes, afin de prier ces sages Pères d'enuoyer quelqu'vn des leurs, pour considérer cette merueille, et les assister de conseils.

Deux Prestres de cet ordre, signalés en doctrine, en prudence et en piété, viennent à cette cérémonie, suiuis d'vn frère lays et de plusieurs personnes qualifiées du lieu de Vesoul, tant ecclésiastiques que séculières. Ils arriuent sur l'heure de vespres dans l'église de Fauerney, où ils contemplent, auec non moins de consolation que d'estonnement, cet estuy qui enferme le Corps trois fois saint de notre Rédempteur, sousteñu au vuide de l'air, du seul appuy de sa main toutepuissante ; et après l'auoir humblement adoré, font allumer plusieurs cierges et flambeaux, pour esclairer cette nouueauté de plus près, et descouurir s'il n'y aurait point quelque cause naturelle, mais cachée de cette incompréhensible suspension. Ils tournent et retournent à l'entour du Ciboire, tant au dedans qu'au dehors du chœur, auec vne discrette et néanmoins exacte, et pour ainsy dire, scrupuleuse curiosité.

Pourtant, plus ils se rendent soigneux à l'esplucher, plus ils se confirment en l'assurance du miracle, et reconoissent éuidemment que le vaisseau sacré, dont le pied est encore tout couuert de charbons ardens et de cendres, n'est suporté d'aucun soutient visible, et que la pointe d'vne des branches de la petite croix, qui seule semble toucher au treillis, parroit en cette sorte, à raison d'vn peu de cendres de linge brûlé qui se trouuent engagées entre les deux : voires* qu'il est impossible que ce petit brin de poudre puisse supporter tout le faix, veu que l'attouchement apparent n'excède pas l'épaisseur d'vn grain d'orge, outre que la position du vase suspendu est en vne posture tout-à-fait contraire à la naturelle.

Ainsy ne manquant rien à l'entiere preuue de ce miracle que l'autorité et approbation juridique des supérieurs, ils conseillent au Prieur et à ses Religieux, d'en auertir en diligence l'Illustrissime Archevesque de Besançon, sur le diocèse de qui la merueille est arriuée, affin que par sa prudence il en ordonne ce qu'il jugera le plus conuenable à la gloire de Dieu et à l'édification de son troupeau.

---

* Du latin *verum*, même.

Cependant, comme tous ceux du lieu et des circonuoisins, accourans au bruit d'vne nouueauté si estrange, se jettent à la foule aux enuirons du saint Reliquaire, ils font à touts coups branler le treillis, peu fermement arrêté, à raison de l'embrasement de la partie du seüil et de la colonne de bois qui le soutenoit. Sur cela, les sages Religieux considérans que les effets miraculeux ne durent qu'autant qu'il plaît au maître ouvrier qui les fait naître pour notre instruction, s'auisent d'apprester quelque siège au-dessous de la sainte custode, pour la receuoir auec respect et bienséance, si elle vient à tomber ou descendre du lieu où elle est suspendue. Ils posent donc vn ais de sapin sur des tréteaux, et mettent par-dessus, vn missel couuert d'vn corporal, en telle distance, qu'il demeuroit vn espace vuide de la hauteur de quatre à cinq doigts entre le Ciboire et le liure, et laissent tout le surplus des reliquats de l'autel, au mesme point où il s'estoit trouué après l'embrasement. Ils ajouttent quelques baricades à l'entour, pour empescher la populace de s'en approcher irreucremment. Tandis que l'on y trauaille, il arriue que deux puissans hommes portant vne grosse et longue pièce de bois, pour seruir à cet vsage, en heurtèrent par mesgarde le treillis, qui en receut vne secousse bien violente; mais par tous ces esbranlemens, la coupe sacrée qui sembloit s'appuyer dessus, n'en fut nullement esmüe. Le reste de la journée et la nuit se passent en veilles, prières, cantiques et loüanges, et autres déuosts exercices.

Le lendemain dès l'aube du jour, arriuèrent de tous costés des hommes et femmes à milliers, de tous cages et de toutes conditions, pour voir la continuation de ce prodige; plusieurs Curés y conduisent en procession les peuples de leurs paroisses, qui, se poussans et pressans par vne curiosité rustique et ferueur inconsiderée, aux enuirons de l'autel, secoüent à tout moment les barrières et le treillis, sans esbranler tant soit peu ce vaisseau miraculeux, qui persiste toujours immobile, tandis que le peuple déuost, se dispose, par la fréquentation des sacremens, par prières et par aumosnes, et par autres pieux exercices, à receuoir les graces qui sont eslargies aux ames fidèles en la communication de ce salutaire mystère.

Entre les neuf et dix heures auant midy, pendant que le Curé du village de Menoux,* voisin de Fauerney, célèbre la messe au grand Autel, à la déuotion de son petit troupeau qu'il y avoit

---

* En latin *Manaor*. Les actes de S. Berthaire, insérés dans les Bollandistes au 6 de juillet, font mention de ce village en ces termes : *Ex Pago Manaore prope Favernium.* On doit en conclure que Menoux existait déjà à la fin du 8ᵉ siècle.

amené en procession ; sur le point qu'il commence de prendre entre ses mains le pain pour le consacrer, l'vn des cierges qui esclairoit deuant le Saint-Sacrement miraculeux, hors du chœur s'estaind de soy-mesme, sans aucune apparente cause ; et estant promptement ralumé, fait le mesme jusqu'à trois fois, coup-sur-coup, comme pour auertir les assistans de se rendre attentifs au nouueau prodige qui s'alloit faire. Et voilà qu'au mesme instant que le Prestre célébrant au maistre-autel, dans le chœur, repose l'Hostie qu'il venoit de consacrer sur le corporal, après la première eslevation, le ciboire miraculeux sur lequel plusieurs des assistans avoient les yeux attentiuement attachés, se redresse, et puis descendant doucement sur le missel et corporal qu'on auoit appresté par dessous, s'y place de si bonne grace, que le plus discret et accort ecclésiastique n'eût pu l'asseoir plus proprement tourné contre le peuple, au juste milieu du sacré suaire. A ce redoublement et accomplissement de miracle, les spectateurs battans leur poitrine et laissans couler de douces larmes de leurs yeux, s'écrièrent myséricorde ! miracle ! miracle ! Tout le reste du peuple dont l'Eglise estoit remplie de toutes parts, les seconde, et puis, par vn saint murmure d'allégresse, s'entredisans et montrans l'vn à l'autre ce comble de merueilles, glorifient le Seigneur, qui leur a daigné fournir vn si puissant renfort de leur foy.

Les Religieux du monastère et les pères Capucins qui en sont aussitost auertis, s'en approchent, et contemplent auec rauissement et profonde adoration la très-auguste custode si justement et proprement agencée sur le corporal, et remarquent vne singularité merueilleuse, que des charbons et cendres qui sont en quantité sur le pied du Ciboire, vn seul brin ne s'est remué de sa place, et qu'il n'en apparoit pas vne simple petite bluette sur la blancheur et la polissure du linge sacré. Ils examinent auec plus de liberté qu'auparauant, le croison de la petite croix, qui sembloit estre attaché au treillis, et le trouuent entièrement net et poly, et couuert seulement sur le bout d'vn peu de poudre de toile brûlée, d'où ils s'affermissent dauantage en la croyance et reconnaissance de ce miracle incomparable ; qu'y pouuoit-on désirer de plus, sinon l'examen rigoureux et l'approbation juridique des supérieurs qui ont l'autorité de porter leur jugement décisif des mystères de la religion ?

L'illustrissime seigneur, messire Ferdinand de Longuy, dit de Rye, archeuesque de Besançon, et en cette qualité ordinaire du lieu, y enuoie incontinent son Procureur-Général assisté de son

Aduocat-Fiscal et de son Secrétaire. Ils voyent, ils touchent, ils manient les restes de l'embrasement; ils ouurent la lunette à laquelle personne n'auoit entrepris d'attoucher jusqu'alors, et en tirent les deux Hosties qui paroissent entières et sans auoir été tant soit peu endommagées du feu, seulement, se trouuent-elles enfumées et teintes de l'ardeur des flammes qui les auoient enuelopées. On tire pareillement hors du tuyau de christal les reliques de la chaste sainte Agathe, qui se trouuent n'auoir rien souffert par la violence du brasier; et ce que l'on admire le plus, est qu'un petit bouchon de papier qui fermoit l'entrée du canal où elles estoient, et en sortoit à demy, a été garanti de brûlure et de tache, par l'heureux voisinage du corps viuant et impassible de son créateur, et des ossemens de la glorieuse vierge et martyre, voisine de son cher époux. Ces commissaires dressent vn ample verbal de ce qui se présente à leur vuë et examinent surtout le surplus jusqu'à quarante-deux tesmoins sans reproche, choisis comme les plus apparens entre tant d'autres qui auoient veu les mesmes particularités. Ils affirment, chacun séparément et par serment solennel, la vérité constante et uniforme de tout ce que je viens de raconter; à quoi quelques-vns ajoutent que, sur le point de la descente du Ciboire, ils ont ouys comme le son argentin d'une clochette inuisible, messagère de la prochaine merueille.

Sur cette preuue, le conseil archiepiscopal auquel furent appellés plusieurs théologiens de singuliere érudition, discrétion et probité, tirés de diuers ordres religieux et autres corps ecclésiastiques de la cité de Besançon, déclara, par décret solennel du neufuième de juin de la même année, que cet euesnement contenait vn euident, ou plustost plusieurs euidens miracles, à la confusion des incrédules et des hérétiques, à la consolation et à l'utilité du peuple viuant en la foy de notre mère sainte Eglise catholique, apostolique et romaine : et que le réuérendissime preslat, en l'approuuant de son autorité ordinaire, selon le prescrit du sacré concile de Trente, le pouuoit faire publier et reconnoistre comme tel par tout le peuple de son diocèse, sans autre délay n'y remise. A quoy le sage preslat condescendit et en fit bientost après imprimer et enuoyer de tous costés vne déclaration sommaire, qui contenoit en peu de mots l'abrégé de cette véritable histoire. *

Vne promulgation si considérément et si religieusement faitte, le recit que plusieurs historiens chroniqueurs et autres escriuains de ce temps, en

---

* *Voy.* le Mandement à la fin du volume.

ont enregistré dans leurs escrits en diuerses langues, et l'euidence de la chose pouuoit bien suffire pour en affermir la créance et en éterniser la mémoire, et pour donner dans la visiere des plus acariastres huguenots. Si crois-je qu'il ne sera pas infructueux n'y désagréable que je l'aye estalé plus au large, et déplié cet ouurage diuin auec toutes ses singularités, selon que je les ay soigneusement et fidellement recueillies du verbal des commissaires, et de l'examen des témoins, sans enrichissement des vaines paroles. J'ay tiré le tout des archiues de la ville de Dole, qui en garde vn double authentique que le magistrat m'a librement communiqué. Ville vrayment heureuse, qui se voit aujourd'huy gardienne de l'une de ces deux miraculeuses Hosties, comme d'vn joyau d'inestimable valeur, ou plustost qui s'est mise à couuert sous la sauue-garde de ce tout-puissant, tout aymable et tout inuiolable gardien. Je vay raconter en quelle manière ce bouclier impénétrable y a été transporté et reçu, et comm'il est montré de tems en tems, et conduit en triomphe auec vne religieuse magnificence.

MOYENS

DONT ON S'EST SERUY POUR OBTENIR A LA VILLE DE DOLE, VNE DES SAINTES HOSTIES MIRACULEUSES; COMM'ELLE Y A ÉTÉ APPORTÉE ET REÇUE.

Le miracle nompareil que nous auons représenté cy-deuant, est vn tableau neuf, mais racourcy, de la toute-puissance diuine; c'est un relief de la souueraine bonté, un assemblage de ses merueilles, vn joyau d'vne rareté et d'vne valeur inestimable, vn flambeau luisant pour éclairer l'ignorance et l'arrogante incrédulité de notre siècle.

Il estoit donc conuenable que les preuues authentiques qui nous ont été laissées, fussent non-seulement enregistrées aux archiues publiques, mais encore que ce chef-d'œuure fut estalé sur vne grande place, pour y estre contemplé, et adoré d'vn chacun. Et, puisque la Prouidence impénétrable de l'ouurier, auoit choisy la Franche-Comté de Bourgongne, pour y placer le chef-d'œuure de ses ouurages, il semble que la prudence humaine ne pouuoit ensuite destiner vn lieu plus sortable pour exposer à la vuë ce joyau précieux, que la ville de Dole, qui est la capitale de la mesme prouince.

Cette ville qui porte en ses armes, le soleil luisant d'or en champ de gueule, auec le chef d'asur au lyon naissant d'or, billeté de mesme, * paroît entre les autres villes du pays, ce que fait le soleil entre les astres; le lyon entre les plus généreux animaux; l'or parmy les métaux, et le chef sur tous les membres; elle s'est signalée, des plusieurs siècles, par la justice, par les lettres et par les armes. Les histoires célèbrent le courage et la loyauté des habitans de cette ville, qui en mesme tems que leur souueraine princesse Marie, dernière de la maison de Bourgongne, se trouuoit embarassée dans le deüil de ses disgraces et de ses pertes, dans la faiblesse de son eage, parmy les factions de ses sujets et les puissantes menées de ses ennemis, eurent bien la hardiesse de se déliurer d'un siege royal, qui les serroit de près, sans être aidés que de la résolution généreuse qu'ils prirent de sortir sur les assiégeans, auec tant de valeur, qu'ils les obligèrent de quitter le camp, le bagage et le canon. Il est vray que cette pauure ville fut assaillie pour vne seconde fois, enuiron

---

* Les anciennes armes de Dole étaient une tour.

2 ans après, auec vn plus grand effort, mais pourtant sa fidélité ne fut jamais vaincue; sa confiance seulement fut surprise par la déloyauté de ses troupes auxiliaires, qui la liurèrent traîtreusement ès mains de ses ennemis irrités. *

Ce fut lors que ceux-cy, transportés de haine, de dépit et de cruauté, massacrèrent les bourgeois, brûlèrent les maisons et rasèrent les murailles. Qui n'eût pensé que cette effroyable tempeste fut capable d'engloutir vne ville entierement désolée, et pour abolir à jamais la mémoire de son nom? au contraire, on a veû que comme vn phœnix, elle a pris nouuelle vie dans ses cendres, lorsque ses princes de l'inuincible maison d'Autriche, autant débonnaires que victorieux, en faisant rayonner sur elle leur bienueillance royale, luy ont non-seulement rendu la vigueur auec tous ses anciens ornemens, mais encore, pour gage de sa constance, l'ont douée de nouuelles graces et reuestue d'vn plumage immortel. J'entends parler de ses superbes remparts dont l'incomparable empereur, Charles cinquième, l'a fait enceindre et fortifier à la moderne. ** C'est ce qui luy a fait

* La ville de Dole fut surprise en 1479, par Charles d'Amboise, l'un des généraux de Louis XI, et gouverneur du comté, pour ce prince.
** Phil. Carondelet, sixième et dernier fils du chancelier, seigneur de Champvans, etc., obtint de ce prince, en 1530, l'ordre de rétablir

releuer à meilleures enseignes que jamais, son ancienne deuise : LA JUSTICE ET LES ARMES. *Je laisse à part ce qu'elle a fait pendant ces dernières guerres, et particulierement durant le siege qu'elle a soutenu en l'an 1636, duquel j'ay fait le récit en vn liure séparé. ** La religion, sœur ainée de la justice, y a toujours tenu le haut bout, comme régente de tous ses desseins. C'est de là qu'elle relèue et tient en *fied liege*, *** tout ce qu'elle a jamais eu de splendeur et de prospérité.

Elle auoit à souhaiter quelques motifs extérieurs et extraordinaires, qui, en guise de feuilles verdoïantes, conseruassent les fruits de sa déuotion. Elle auoit besoin de quelque objet releué pardessus le commun, qui rallumat de tems à autre sa ferueur et qui eut les pieux sentimens de ses citoyens et de tout le voisinage, quand la bonté diuine lui offrit l'occasion des Hosties miraculeuses

---

les fortifications de la ville de Dole. Les travaux furent dirigés par François et Ambroise *Precipiano*, célèbres ingénieurs italiens. On lit encore, contre le mur intérieur de l'ancien rempart, près du pavillon de la caserne, cette inscription :

A. Precipianus mandato condebat.

* Cette devise est postérieure à 1479.

** Le Siége de la ville de Dole, capitale de la Franche-Comté de Bourgogne, et son heureuse délivrance. *Dole, Binart*, 1637, seconde édition, *Anvers, impr. plantinienne*, 1638, in-4. L'édition de Dole est moins belle que celle d'Anvers ; elle est cependant plus estimée, parce qu'on trouve à la suite quelques pièces qui n'ont point été réimprimées dans l'édition d'Anvers.

*** Allusion au fief qui obligeait le vassal à fidélité.

de Fauerney : elle ne fut pas nonchalante ny paresseuse à l'embrasser.

Comme elle eut fait rencontre de cette pierre précieuse, elle se résolut, à l'exemple du marchand lapidaire que l'Euangile nous propose, de n'épargner aucune chose pour en pouuoir faire emplette à quelque prix que ce fut. Pour auoir vn puissant moyenneur de ce commerce, elle crut qu'elle n'en pouuoit choisir aucun qui fut plus autorisé, n'y plus affectueux que le serenissime archiduc Albert, lors prince souuerain des Pays-Bas et de la Franche-Comté ; * prince d'immortelle mémoire, en qui la piété et la justice, la prudence et la debonnaireté marchoient d'un pas égal; et qui, pour ses royales et héroïques vertus, se faisoit aimer et admirer par ses ennemis mesmes, de qui l'on pouuoit dire auec vérité, ce que les plus complaisans orateurs ont publié des autres par flatterie. En vn mot, qui dressoit tellement ses actions à la regle et au niueau, qu'il pouuoit seruir de prototype pour contretirer l'idée d'vn prince très-accomply. Le Parlement et le magistrat de la ville conspirans à cette sainte entreprise, députèrent vn personnage plein d'adresse et de discrétion

---

* Albert, né en 1559, 6⁼ fils de Maximilien II, épousa en 1598 l'infante Isabelle-Claire-Eugénie, fille de Philippe II, et mourut en 1621 à 62 ans, regretté de ses sujets et particulièrement des Francs-Comtois.

auprès de son Altesse serenissime, pour la supplier, en tout respect, de leur accorder et procurer la garde de ce gage inestimable, qui leur seruiroit de *paladium* et de bouclier sacré pour les conserver inuiolablement en l'union de l'Eglise catholique et en l'obéissance de leur prince légitime. Leur requette fut très-agréable au pieux archiduc auquel la dévotion enuers le très adorable Sacrement, qui a toujours été familiere à ceux de sa très-auguste et très-catholique maison, brilloit d'vn éclat particulier. Il voulut en ce loüable dessein, se rendre suppliant enuers son sujet, auquel il faisoit scrupule de commander aux matieres religieuses et spirituelles. Il en écriuit donc à Dom Alphonse Doresmieux, lors abbé de Fauerney, * et témoigna par ses lettres, qui estoient toutes confites en piété et en tendresse d'amour pour sa ville de Dole, le contentement qu'il receuroit, si l'une des deux Hosties que Dieu auoit tout nouuellement illustrées de merueilles, y estoit transportée, afin qu'elle y parust auec plus de lustre pour la gloire de son auteur.

Le prélat qui ne pouuoit résister à ce doux effort, luy céda volontiers, et après quelques entreuuës et pourparlés, accorda la demande du magistrat,

---

* Alph. Doresmieux, grand prieur de St. Vaast d'Arras, nommé par les archiducs, en 1608, abbé de Faverney, mort en 1630. D. Grappin a fait son éloge. Mém. 95. 90.

aux conditions qui furent liées par vn contrat solennel, à sçauoir qu'en reconnoissance de ce signalé bienfait, l'Hostie qu'il déliureroit seroit appellée l'Hostie miraculeuse de Fauerney en toutes inscriptions et actes publiques et particuliers à perpétuité ; que l'abbé de Fauerney présent et à venir seroit inuité chaque année de se trouuer à la procession solennelle où la sainte Hostie seroit portée en pompe par la ville de Dole, pour auoir l'honneur de la porter luy-mesme et de célébrer les offices pontificalement auec la mittre et la crosse d'abbé ; que l'on feroit grauer sur des tables de marbres, le sommaire récit du miracle et de la translation, tant en l'abbaye de Fauerney qu'en la chapelle qui seroit bastie dans l'église de Dole, * pour y déposer ce gage précieux ; que tous les ans, au jour mesme de la concession, on célébreroit, en l'église de l'abbaye, vn seruice anniuersaire fondé et doté des biens de la ville de Dole, laquelle procureroit de plus que toutes les graces et indulgences qu'elle impétreroit du saint Siége, pour sa sainte chapelle, en considération de ce mystérieux prodige, seroient communes à la chapelle de l'abbaye où il s'estoit premièrement descouvert.

* Des deux inscriptions, l'une latine et l'autre française, placées dans la chapelle de la Sainte Hostie à Dole, la première subsiste encore ; l'inscription française a été détruite en 1793.

Après ces conuentions arrestées et approuuées par tous les ordres de la ville, ils désirent tous, d'vne pieuse impatience, d'en aller bientost cueillir les fruits. A cet effet, vne troupe de cent hommes à cheual partit de la ville le quinzième de décembre de la mesme année mil six cent et huit, pour aller à Fauerney, qui en est distant de quinze à seize lieues de chemin, affin de receuoir auec le respect et les sentimens de piété conuenables à vn si haut mystère, et accompagner, jusque dans la ville, celle des deux Hosties miraculeuses que le réuérend abbé leur confieroit. Cette compagnie étoit composée des deux cheualiers du Parlement seigneurs principaux de la prouince ; des deux conseilliers ecclésiastiques, et d'autres séculiers du mesme corps, du sieur Doyen et de seize, tant chanoines que familiers de l'église collégialle de Notre-Dame ; de deux professeurs de l'vniuersité ; d'vn maître et d'vn auditeur de la chambre des comptes ; du vicomte Mayeur de la ville, auec cinq députés du conseil ; d'enuiron soixante et dix signalés bourgeois, écuyers, auocats, procureurs, marchands et autres d'honnestes conditions, sans faire état du train qui les suiuoit à pied. Ils arriuèrent à Fauerney, le troisième jour, et allèrent descendre au deuant de l'église de l'abbaye, où ils entrèrent tous pour y adorer les saintes Hosties, pour leur rendre vn million de graces, et pour leur offrir les cœurs de toute la ville.

Le lendemain, après s'estre tous confessés et communiés à la messe qui fut solennellement chantée auec vne agréable et déuote musique, ils virent mettre l'Hostie destinée pour Dole, entre deux corporaux, et deux coussinets de taffetas, dans vn coffret de velours cramoisy,* bordé de galons d'or, auec les ferremens, serrures, clefs et clous dorés, qu'ils présentèrent à ce dessein, et reposèrent sur le grand autel, jusqu'après midy, que ce joyau de prix inestimable fut liuré par le réuérend abbé, reuestu des ornemens de sa dignité, au doyen et au Mayeur de la ville de Dole. Ceux-cy joints à toute leur suitte, l'acceptèrent au nom du corps de la ville, auec la sainte allégresse, et les cordiaux remercimens qu'on se peut imaginer; et au sortir de l'église, firent mettre le coffret et son adorable dépost dans vne litière qu'ils luy auoient préparée; elle estoit reuestue dedans et dehors de damas cramoisy chargé de clinquans et bordé de franges d'or, ayant le dome à l'impériale, auec ses pommes dorées, et au dedans les carreaux de velours. Elle estoit portée par deux cheuaux couuerts

---

* Ce coffret appartient à M. de Mayrot qui a bien voulu permettre d'en prendre le dessein. Chaque année, le jour de la pentecôte, il est placé sur le reposoir que l'on élève devant son hôtel, pour la procession.

d'escarlate, et conduitte par quatre estaffiers * auec longues casaques de même liurée, et autres quatre de semblable parure, qui portoient chacun vne grande lanterne montée sur vne longue hante, et des flambeaux allumés au dedans, allans toûjours aux quatre coins de la litière.

Ainsi marchoit pompeusement cette véritable arche d'alliance, au milieu du clergé, dont douze l'accompagnoient toûjours à pied, psalmodians le long du chemin. Le reste de la compagnie demeuroit à cheual répartie en deux troupes, dont l'vne lui seruoit d'auant-garde, et l'autre d'arrière-garde.

Ce fut vne chose agréable et digne de remarque de voir le peuple de Fauerney y accourir, et d'entendre, à la sortie du bourg, la populace oublieuse de ce qui lui restoit, et touchée du sentiment de la perte qu'il luy sembloit faire, s'écrier d'vne tendresse d'affection et de déuotion : Hé! bon Dieu, pourquoy nous quittés-vous? Pendant le voyage, au lieu ou le conuoy s'arrestoit pour prendre le disner, et le soir pour y passer la nuit, on reposoit le très-auguste Sacrement dans l'église de la paroisse, où il estoit gardé, veillé et adoré par nombre de voyageurs à ce destinés, qui ren-

* Valets de Pieds.

doient alternatiuement cet office, et prioient continuellement à genoux deuant l'autel. On voyoit par la campagne, sur le chemin, les peuples des bourgs et des villages, y arriuer de toutes parts et venir à la rencontre auec des processions fort déuotes, qui grossissoient le conuoi et luy faisoient escorte jusqu'au lieu du prochain repos.

Sur l'auis que l'on eût à la ville, par des auant-coureurs qui furent expressément enuoyés, que la sainte Hostie estoit non-seulement accordée, mais en chemin, on en fit bientost esclatter l'allégresse par le son et le carillonnement de toutes les cloches, et par autres signes d'vne pieuse resjouissance.

Quand elle fut à demie-lieu près de la ville, on y prépara la procession la plus solennelle qu'on y eût jamais vûe pour aller accueillir vn hoste tant désiré. Les jeunes filles marchoient les premières après le confanon, voilées et vestues de blanc, qui entonnoient doucement les litanies de la Vierge immaculée. Les escoliers du collége les suiuoient et alloient chantans auec mélodie celles du très-Saint-Sacrement, ensuitte les Pères capucins, et après eux les Cordeliers de l'obseruance, couuerts de leurs plus riches chappes, parmy lesquels il y en auoit six qui portoient deux à deux, auec des brancars, sur leurs épaules, trois grands reliquaires d'argent. Plusieurs curés et autres ecclésiastiques des lieux voisins, portoient de la mesme sorte, les images d'argent et autres reliques de la ville. Tout le reste du clergé marchoit après et estoit tous reuestus de leurs grands manteaux de drap d'or et de soye, enrichis de broderies.

Le chœur des musiciens tenoit le milieu. Ils alloient tous psalmodians alternativement auec la musique, qui faisoit retentir parmy la douceur et la variété des voix et des instrumens, ce verset *interloculaire?** « Mon Seigneur et mon Dieu, que » la gloire de votre nom est admirable parmy » toutes les nations qui habitent la terre! »

Le corps du parlement suiuoit immédiatement les ecclésiastiques, ayant son chef président à la teste, signalé par ses ornemens royaux et son mortier de velours, couronné d'vn cercle d'or qu'il portoit à la main. Le magnifique recteur de l'vniuersité tenoit rang à sa gauche, auec sa longue robbe d'écarlatte, et le chaperon doublé d'hermine au col.

Ils estoient deuancés à l'ordinaire des quatre huissiers de la cour et du bedeau général de l'vniuersité qui portoient leurs masses d'argent. Après tous ceux du parlement brillans par la splendeur

---

* Qui se chantait alternativement par les deux chœurs.

de la pourpre dont ils estoient parés, le reste de l'vniuersité suiuoit et puis la chambre des comptes, les officiers du bailliage, et le magistrat de la ville distingué par ses quatre sergens à baguettes, vestus de leurs livrées ordinaires. Tous ceux des corps auoient chacun le flambeau de cire blanche allumé, le surplus du peuple venoit après ; les hommes les premiers, et les femmes ensuitte, tout cela suiuant deux à deux auec grande déuotion, silence et modestie.

La procession passa de cette sorte jusqu'au village de Breuuans, à demie-lieu de la ville, où elle rencontra la troupe qui conduisoit la litière, en l'attente de son agréable charge, qui auoit été déposée dans l'église du lieu. L'abbé de Fauerney, qui l'auoit toujours suiuie, se reuestit promptement de ses ornemens abbatiaux, et ayant à ses costés deux siens religieux reuestus de tuniques, chargea reueremment entre ses bras le coffret où estoit l'Hostie miraculeuse, et se vint mettre sous vn dais de drap d'or porté par le Mayeur et par les trois plus anciens qui l'auoient deuancé en la mesme magistrature. Tous ceux qui auoient fait le voyage de Fauerney, ayant mis pied à terre se séparèrent, ceux qui estoient des corps principaux prenans les ornemens de leurs offices, se joignirent à leurs confrères pour marcher au mesme rang ; tous les autres estans encore auec les bottes et les esperons, l'espée au costé, et le flambea ͞ blanc à la main, se mirent deux à deux immédiatement après le dais et la litière qui le suiuoit auec ses estaffiers et porte-flambeaux. Quarante halebardiers venus de la ville fort bien enharnachés, auec plastrons de cuirasse deuant et derrière, l'escharpe rouge dessus et la pertuisane dorée, la hampe garnie de velours cramoisy à crespines de soye et de fil d'or sur l'espaule, se vinrent aussitost ranger de l'vn des costés et de l'autre du poisle, comme pour luy seruir de garde royale.

Douze jeunes garçons de l'eage de dix à douze ans, des meilleures familles de la ville, vestus de longues casaques de velours et d'armesin rouge chargées de larges clinquans d'or, et au reste très-somptueusement et richement parés, le flambeau en main, prirent le deuant pour y faire l'office de pages.

Quatre jeunes seigneurs Allemands, tous comtes et barons, qui estudioient lors à Dole, ⋆ couuerts à l'auantage de mesme liurée, se placèrent aux quatre

---

⋆ L'université qui jouissait d'une haute réputation, était alors fréquentée par un grand nombre d'étrangers ; les belges surtout y accouraient en foule. Un précieux manuscrit in-fol., sur peau de vélin, offert à la Bibliothèque de Dôle, par le Docteur Bolut-Patouillot, contient le réglement particulier aux étudiants Belges.

coins du dais, portant chacun vne grande couppe dorée à vermeil fumante de l'encens et des parfums qui brûloient dedans. En mesme tems s'auancèrent six enfans musiciens très-proprement et magnifiquement habillés en anges, qui entonnèrent mélodieusement par trois fois : Soyés bénis vous qui venés au nom du Seigneur. Louange au fils de Dauid.

Cependant, toutes choses estans disposées et tout le peuple en ordre, la procession retourna deuers la ville en grande magnificence et déuotion, par le grand chemin royal qui auoit esté soigneusement nettoyé, réparé et esgalé.

Dès aussitost que le poisle parut à la portée du mousquet, il fut salué de vingt-quatre volées de canons, dès les deux bouleuars royaux qui regardent de ce costé là, et ensuitte les cloches de toutes les Eglises commencèrent de retentir et de redoubler leurs carillons.

A l'arriuée de l'Hostie sacrée sainte entre les deux corps-de-garde de la porte qu'on appelle de Besançon, elle fut tirée hors du coffret et mise à descouuert entre deux cristaux, dans vn riche Ciboire, et portée par le preslat sous le pauillon ; et au mesme instant vn jeune homme vestu en nymphe, la cotte de velours rouge cramoisy parsemée de soleils d'or, la juppe d'armesin bleu céleste, chargée de lyons et de billettes recamées d'or, la teste ornée des plus riches et des plus rares joyaux de la ville qu'elle représentoit, s'auança, et se prosternant réuéremment à deux genoux, auec de profondes inclinations, prononcea, d'vne modeste hardiesse, vn panégyrique des merueilles de l'Hostie miraculeuse, l'inuitant de venir prendre son logement dans l'enclos de ses murailles, de receuoir les cœurs qu'elle luy offroit de tous ses déuosts et fidelles bourgeois, la suppliant en très-humble respect, de les daigner prendre sous son inuiolable protection; et sur ce discours, elle fit auancer vn jeune enfant accompagné de six autres qui portoient les clefs des portes de la ville, atta-chées d'vn cordon de soye cramoisy, dans vn grand bassin d'argent doré, qu'ils présentèrent en très-grande réuérence à l'inneffable sacrement, et puis tous ensemble, d'vn mélodieux concert, firent retentir jusqu'à trois fois : Soyés béni vous qui venés au nom du Seigneur, loüange au fils de Dauid; et finissans, se mirent à la suitte du dais.

Après tous ces accueils, la procession poursuiuit son chemin et entra dans la ville entre les soldats de la garnison rangés en haye sous les armes. Le pont de pierre qui est entre les deux portes estoit orné de part et d'autre auec des pourtraits au naturel des souùerains comtes de Bourgongne, * issus des maisons de Flandre, de France et d'Autriche, qui estoient placés selon l'ordre des tems, sous des arcs entourés de festons de buis verdoïant et de cartouches. A l'entrée de la ville, sur la porte du pont leuis, regardant du costé du dehors, il y auoit vn arc de verdure auec la représentation du miracle et les armes de la ville au pied ; et plus bas cette inscription :

>Vous estes donc venu ! je vois enfin paroistre
>Ce jour si beau, si fortuné,
>Où Dole a le bonheur de posséder son maître,
>Bonheur si long tems désiré.

D'autre part, au dedans de la ville, estoit vn tableau de Dieu le Père, comme l'on le peint souuent, tenant entre ses bras le corps de son Fils, après qu'on l'eût destaché de la croix, auec cette épitaphe :

>Je l'ay, par cette main, mis à couvert des flammes,
>Et de ses ennemis j'ay sçû brauer les armes.

Toutes les maisons de la rue, dès l'entrée de la porte jusqu'à la grande Eglise, estoient magnifiquement tapissées à droitte et à gauche, et y auoit

---

* Ces portraits détruits en 1793, appartenaient au Parlement ; plusieurs étaient d'une beauté remarquable : celui de l'Empereur Charles-Quint passait pour l'œuvre du Titien.

encore au bout de la mesme rue vn arc triomphant assorty de quantité d'emblesmes, de devises, et d'inscriptions ingénieuses. Il y en auoit vn autre plus majestueux sur la Grande-Place, qui estoit dressé d'architecture peinte comme de marbre blanc, à trois arcades et huit colonnes d'ordre ionique, accompagnées de leurs ornemens fort bien ordonnés. Dans les vuides, entre les colonnes, il y auoit des histoires peintes et tirées du viel Testament, qui ont esté les figures de ce mystère, comme tesmoignoit cette inscription de la frise :

Buisson ardent sans estre consumé.

Le portique, sous la grande tour de Notre-Dame, estoit entouré de feüillages auec vne infinité d'emblesmes, d'épigrammes et d'autres pièces d'esprit ; à quoy les régens du collége des jésuittes et tous leurs escoliers s'estoient exercés à l'enuy l'vn de l'autre, par vne loüable émulation, et la nef mesme de l'Eglise, dès la naissance des basses voultes jusques en bas, en estoit presque toute tendue en forme de tapisseries.

On auoit dressé au deuant des Hales, vis-à-vis du grand portail de l'Eglise, vn eschafaut sur lequel plusieurs jeunes hommes vestus en anges, faisoient vne agréable musique à diuers chœurs et chantoient ce verset :

« Le Seigneur tout bon et tout miséricordieux a laissé vn tesmoignage authentique des merueilles qu'il a fait en faueur de son peuple ; il a donné vne nourriture toute céleste à ceux qui le craignent » ; pendant que d'autres petits anges espanchoient dès le bout du théâtre, de la dragée à pleines poignées, en forme de manne, sur les spectateurs. Le concours du peuple fut tel, que l'estendue de ceux qui assistoient à la procession, rangés deux à deux, occupoit tout le chemin dès le village de Breuuans jusqu'à la grande Eglise de la ville ; et par-dessus tous ceux là, la campagne au long des chemins, et toutes les rues se trouuoient bordées d'adorateurs et d'admirateurs.

Après que le très-auguste Sacrement fut posé sur le grand autel, sous vn magnifique pauillon, les vespres furent chantées musicalement à trois chœurs meslés de voix, d'orgues, et d'autres instrumens harmonieux.

On remarqua que durant tout ce superbe conuoy, dès que la procession partit de la ville, jusqu'à ce que tout le peuple fut rassemblé dans l'Eglise, le ciel parut toûjours fort chargé, et l'air noircy de nuées grosses de pluye, qui laissèrent seulement couler quelques goutelettes, comme d'vne menue rosée qui tomboit par interualles ; en sorte qu'il sembloit que la main de Dieu en retint et suspendit le desbondement, jusqu'à ce que l'Hostie miraculeuse fut sur l'autel et la pieuse trouppe à couuert : parce qu'à l'instant mesme les nuages s'estans creués, deschargèrent vne très-violente pluye qui dura jusque sur le soir. La nuit se passa la plus grande part en feux de joye, au raisonnement des cloches, et aux fanfares des trompettes, en cantiques sur la plus haute tour et en autres saintes et modestes resjoüissances.

Le lendemain matin, on ne vit que confessions et communions par toutes les Eglises, jusqu'à la grande messe qui fut célébrée deuant la sainte Hostie, auec pareille déuotion, pompe et solennité que les vespres du jour précédent. Et enfin la bénédiction de ce mystère, qui est la source de tous biens, estant donnée au peuple, l'on resserra l'Hostie miraculeuse dans son coffret, qui fut déposé au tabernacle ordinaire, en attendant la construction d'vne chapelle particulière qui a esté bastie depuis, pour y conserver cet incomparable trésord.

Dès lors le clergé d'vn costé et le magistrat de l'autre, tournèrent toutes leurs pensées à la recherche des moyens de publier et reconnoistre vn bienfait de si haut prix, et de conseruer religieusement le véritable *paladium*, non pas en le cachant, comme faisoient les Romains de leurs dieux tutélaires, et de la targue * qu'ils croyoient estre tombée du ciel ; mais en manifestant à tous les peuples voisins, que leur ville estoit à couuert sous ce bouclier impénétrable, qui nous a été enuoyé d'en haut pour notre éternelle sauue-garde. Après plusieurs conférences et pourparlers, ils demeurèrent tous d'accords des résolutions suiuantes :

Que l'on bastiroit vne chapelle destinée à l'honneur de la sainte Hostie et à la garde des espèces miraculeuses ; qu'elles seroient resserrées dans vne riche cassette qui auroit trois serrures, auec trois clefs différentes, dont l'vne seroit remise au réuérend Doyen, comme chef de l'Eglise et de la paroisse ; la seconde, à vn député du corps de son chapitre ; et la troisième seroit confiée au Mayeur, chef du magistrat, en sorte que le coffret ne put estre ouuert que par le commun consentement des trois ; et que ce joyau précieux ne fut pas indifféremment manié et montré en toutes occurences. Que chaque année on l'exposeroit sur le grand autel, dès les vespres du samedy jusqu'à celle du dimanche des quatre-tems, après les brandons, ** et après l'exaltation de la Sainte-Croix ; et pareil-

---

* Bouclier.

** Le premier dimanche de carême ; on l'appelait ainsi, parceque ce jour là le peuple allumait des feux, et en portait dans les rues et dans les campagnes.

lement la veille et le jour de la feste de saint Thomas, apostre, en mémoire de la translation de cette diuine Hostie, et de son heureuse arriuée dans la ville; et de plus, qu'au jour de la seconde feste après la Pentecoste, anniuersaire du miracle, elle seroit portée en procession par les principales rues, auec le plus de pompe et de déuotion qu'il seroit possible. Que tous les corps religieux qui ont coustume de marcher aux supplications solennelles y assisteroient. Que les quatre bâtons du dais seroient portés par le vicomte Mayeur de l'année, et par ses trois plus anciens deuanciers en la mesme charge*, ou à leur deffaut, par les escheuins ou autres plus anciens du conseil de la ville.

Le Parlement promit de s'y trouuer en robbe rouge, et ensuitte les autres corps de l'Vniversité, de la Chambre des comptes, des officiers du bailliage et du magistrat de la ville, chacun auec les marques plus apparentes de leurs dignités : qu'immédiatement après, marcheroient les auocats de la confrérie de Saint-Iues, ** qui auoient entrepris

---

* Ils furent portés en 1609, par Constance de Marenche, vicomte-Mayeur; et par Ferdinand Bereur, Claude Fabry et Jean-Baptiste Alix, ses devanciers. *Voy.* à la fin du vol. l'arrêt du parlement sur le mode d'élection des mayeurs.

** Le registre original de cette confrérie fondée en 1565, et qui finit en 1718, a été donné à la Bibliothèque de Dole, par M. l'avocat Froidevaux. Boyvin faisait partie de cette pieuse association.

le bastiment de la Sainte-Chapelle, à leurs frais, que tous iroient en bel ordre, deux à deux, auec le flambeau de cire blanche allumé dans la main, et enfin tout le reste du peuple suiuroit ce déuost triomphe, dans la modestie et la bienséance conuenable à ce grand mystère; que la bourgeoisie se mettroit en armes pendant cette pompe, et outre les bataillons qu'elle feroit paroistre rangés sur la Grande-Place, elle enuoiroit des halbardiers de garde pour marcher à costé du Saint-Sacrement et empescher les désordres et la confusion du peuple; qu'au deuant on feroit aller vn nombre d'enfans des meilleures maisons, vestus de liurées en forme de pages d'honneur; que les jeunes filles marcheroient sous la conduitte des déuostes sœurs de Ste.-Vrsule, * à la teste de la procession, et les jeunes escoliers après, sous la direction des Pères de la compagnie de Jésus : ** les vns et les autres représentant auec magnificence et somptueux ornemens quelques pieux mystères conuenables au sujet. Que pour les premières processions on feroit esleuer des arcs triomphans en chaque rue où le très-auguste Sacrement deuroit passer. A quoy les

* La maison des Ursulines de Dole est la première de l'institut d'Anne de Xaintonge. La modeste tombe de la fondatrice est conservée au musée de cette ville.
** Reçus à Dole en 1582.

principaux bourgeois des quartiers seroient inuités de contribuer libéralement leurs moyens et leurs industries. Que tous les fronts des maisons seroient tapissés, les paués jonchés de fleurs et d'herbes odoriférentes; et qu'en quelques endrois plus remarquables et plus commodes, on dresseroit des autels richement parés, pour y reposer le sacré despost. Que les sons des cloches, les musiques, les fanfares, les feux de joye, les cannonades et les mousqueteries, et toutes les autres demonstrations d'vne sainte allégresse y seroient employées, sans rien obmettre de ce qui pourroit signaler la resjoüissance, le zèle et la gratitude de la ville, à l'endroit de ce bénéfice nompareil, que tous les efforts des anges ne sauroient dignement remercier.

Toutes ces résolutions ont esté diligemment exécutées. Les estrangers qui sont venus en grande affluence voir les premières processions en sont fidèles tesmoins et ne désauoueront pas qu'elles ne cédoient en rien aux entrées les plus pompeuses et plus triomphantes des princes, selon la portée du pays et de la ville.

Il ne sera pas désagréable au lecteur si j'en rapporte icy quelques singularités qui furent veues à la solennité des festes de la Pentecoste de l'an seise cent et neuf, qui ont continués par plusieurs années.

L'entrée de l'Eglise, sous la grande tour, estoit ornée d'arcs et de festons, parmy lesquels on voioit au plus haut rang les armes de sa Sainteté à la main droitte * et celles du Roy à la gauche ** ; au second, celles de l'Illustrissime archeuesque de Besançon, et du gouuerneur de la prouince ***, et plus bas les escussons aux armes de la Franche-Comté et de la ville de Dole. Sur la Grande-Place, à costé de la porte des hales qui sont à l'entrée du Palais et seruoient lors de place d'armes à la bourgeoisie, et vis-à-vis du grand portail de l'Eglise de Notre-Dame, le Parlement auoit fait dresser vn obélisque de la hauteur de soixante et dix pieds, rehaussé de quatre marches de dégrés portans le piedestal d'ordre corinthien, et l'esguille par-dessus, d'vne fort belle ordonnance finissant par vn rétroisissement rassemblé dans vn ouale doré et surmonté d'vne croix de mesme : tout le reste de la structure peint et jaspé comme de marbre et de porphyre, et chargé de diuins hiérogliphes et de variété de beaux mots hébreux, latins, grecs, et françois de l'invention de messire Antoine Garnier, vice-président au Parlement, qui estoit

* Paul V (Camille Borghèse), mort en 1621.
** Philippe III, d'Espagne.
*** Clériadus de Vergy, comte de Champlitte, gouverneur depuis 1602, mort en 1625.

vn personnage illustre en vertus et en toute sorte de belles-lettres. * Il y auoit fait mettre tout en bas ce quatrain françois :

> Cette pyramide est trop basse
> Pour arriuer à la hauteur
> De ce miracle qui surpasse
> Tous les autres en sa grandeur.

Je laisse le reste de crainte d'estre trop long, et parce que luy-mesme en fit estamper le pourtrait en taille-douce, où l'on peut lire le surplus. **

Aux environs de cette gentille pièce et tout le long du front des hales tendu de tapisseries du palais, il y auoit dans des niches entourées de verdure, les pourtraits au naturel des souuerains comtes de Bourgongne, depuis Louis, comte de Flandre***, jusques à Albert et Isabelle, archiducs d'Autriche, représentés tous de leur long ; et sur le haut de la porte, vn grand tableau qui portoit

---

* Originaire de Gy; il avait professé la langue grecque, pendant plusieurs années, à l'université de Dôle, avec une rare distinction. Pourvu de l'office de conseiller au parlement en 1586, il fut employé dans plusieurs affaires importantes en Suisse et en Flandres ; mérita la faveur des archiducs Albert et Isabelle, *dont il reçut une belle médaille d'or en reconnaissance des services qu'il leur avait rendus*, et mourut en 1626, dans un âge très-avancé.

** Cette belle planche en cuivre est au musée de Dole.

*** Louis Ier, surnommé de Cressi, parce qu'il fut tué en 1346, dans cette bataille si funeste à la France. Il avait épousé Marguerite, fille de Philippe le Long, dont il eût Louis de Male, tige de la seconde maison des ducs de Bourgogne.

cette riche et vrayment auguste inscription, de l'ouurage du mesme vice-président :

A ALBERT ET A ISABELLE-CLAIRE-EUGÉNIE,
AUGUSTES ARCHIDUCS D'AUTRICHE,
AIMABLES SOUUERAINS DE FLANDRE ET DE
BOURGOGNE,
ET DESCENDANS ILLUSTRES DE DIX TRIOMPHANS EMPEREURS,
ET DE TANT DE GLORIEUX ET DE PUISSANS PRINCES.
LE PARLEMENT ET LE PEUPLE COMTOIS,
SALUT !
POUR LEUR TESMOIGNER SA RECONNOISSANCE
DE CE QUE, PAR LEUR AUGUSTE AUTORITÉ ET PAR VNE PREUUE
SINGULIÈRE
DE LEURS PIÉTÉS ET DE LEUR BIENUEILLANCE,
DOLE, CAPITALE DU COMTÉ DE BOURGOGNE,
A EU LE BONHEUR D'OBTENIR
CETTE AUGUSTE ET MIRACULEUSE HOSTIE,
LA MESME ANNÉE OU, PAR VN COUP ADMIRABLE
DE LA DIUINE PROUIDENCE,
LA FLANDRE, ET TOUT L'VNIUERS
JOUISSANT D'VNE PROFONDE PAIX,
L'ON AUOIT VEU, POUR LA PREMIÈRE FOIS
DEPUIS LE SIÈCLE D'AUGUSTE, FERMER LE TEMPLE DE JANUS.
LE PARLEMENT ET LE PEUPLE COMTOIS
ANIMÉS PAR DE SI HEUREUX PRÉSAGES
ET D'VN ESPRIT AFFECTIONNÉ ET RECONNAISSANT,
FAIT DES VOEUX SOLENNELS ET DES PRIÈRES PUBLIQUES
DANS CETTE SAINTE RESJOUISSANCE,
POUR LA PERPÉTUELLE PROSPÉRITÉ
DE RODOLPHE PREMIER,
AUGUSTE EMPEREUR, DE LEUR ILLUSTRE FAMILLE,
ET LUY OFFRE,
EN SIGNE DE SON AFFECTION,
CET AUGUSTE LAURIER.
CIƆ IƆC IX *

* 1609.

Il y auoit au-dessous vne couronne de laurier de laquelle les anciens empereurs ombrageoient leur chef : c'estoit vne augure de la couronne impériale, dont ce généreux prince Albert triompha plus glorieusement en la refusant après la mort de Rodolphe second, lorsqu'elle luy estoit destinée et offerte par la pluspart des électeurs, et la quittant à son frère Mathias, que ne fit ce dernier en la possédant.

De neuf arcs de triomphe magnifiquement construits par le magistrat et par les bourgeois, le premier estoit celuy du magistrat, dressé sur la plus spacieuse entrée de la Grande-Place.

Il estoit de trente-six pieds de largeur, de vingt-quatre en hauteur, et de six en espaisseur, à trois passages, dont celuy du milieu estoit le double des autres ; la structure estoit d'ordre ionique, assortit de huit grandes colonnes d'exquise proportion, et le tout peint comme d'albastre et orné de tableaux qui représentoient quelques illustres histoires de l'ancien testament conuenables au sujet de ce miracle ; aussi l'inscription de la frise estoit :

Buisson ardent sans estre consumé.

Le second occupoit tout le trauers de la rue qu'on

appelle de Fripapa, * et auoit esté basty d'vne architecture à la moderne, embellie de quantité de pourtraits, emblesmes, deuises et épigrammes en diuerses langues. Le troisième trauersoit la rue ditte de Besançon, auec non moindre artifice et gentillesse, où l'on voioit figurés dans les stylobates, aux plattes bandes sur des quadres, et dans des cartouches, les plus illustres et plus estranges euenemens que l'on lit de l'Eucharistie victorieuse des flammes ; ayant chacun son épigraphe en peu de mots tant grecs que latins, mais tous doctes et ingénieux.

Le quatrième tenoit l'entrée de la grande rue, il n'auoit qu'vn seul portail, mais il estoit reuestu de part et d'autre de grandes colonnes doubles d'ordre composite ; chaque piédestal, les entre-deux des colonnes, les frises, les retours, les frontons et les tympans du couronnement estoient tous chargés de compartimens, chacun desquels portoit vn passage tiré de l'Ecriture sainte qui se rapportoit aux merueilles et singularités du miracle de Fauerney, si proprement qu'ils sembloient auoir esté dictés du St.-Esprit, pour en présager l'arriuée.

Au-dessus de la mesme rue, l'on en trouuoit

* Depuis 1831, rue Dusillet.

vn cinquième d'ordre ionique, fort bien entendu, et autant mignardement que doctement enrichy d'vne grande variété de pourtraits et d'inscriptions.

Le carrefour qui est aux embouchures des rues de St.-Jacques et de Mont-Roland, croisées de celles d'Arans et des Cordiers, estoit renfermé d'vn arc à quatre faces, ou plustost de quatre arcs portant autant d'ouuertures pour le passage de chaque rue ; et tout cela d'vne ordonnance dorique peint de marbres contrefaits, et chargé dedans et dehors, et en tous les plafonds, de très-beaux emblesmes et de très-ingénieux escritaux. Entre la maison des réuérens Pères Jésuittes et le collége des estudes, paroissoit vn septième arc triomphal très-genty-ment embelly auec les curieuses et sçauantes in-uentions qu'on peut attendre d'vne compagnie qui a le triage des beaux esprits et la doctrine éminente alliée auec vne solide piété.

Le plus riche et le plus esclatant de tous en architecture moderne, en magnificence de tableaux et de figures en hauteur estoit dressé sur l'entrée de la place triangulaire qui est deuant la maison des sieurs Bereurs, * lesquels n'y auoient espar-gnés ny l'argent, ny l'industrie. Les colonnes

---

* Aujourd'hui hôtel de la sous-préfecture. Antoine Réné Marie Marquis de Montciel, ministre de l'intérieur sous Louis XVI, y est né en 1757.

d'ordre composé auoient la grosseur du tronc de deux pieds en diamètre, et toutes les mesures proportionnées sur ce fondement. Par-dessus la corniche, sur les retours des colonnes s'esleuoient des statues de plein relief, qui accompagnoient vn grand tableau soutenu de consoles, orné de festons, et couronné en frontispice. L'vne des faces estoit appropriée aux honneurs qui sont deûs à la glorieuse et immaculée mère de Dieu, qui, par la coopération du St.-Esprit, nous a produit ce pain de vie. L'autre face représentoit la feruente déuotion des princes de la très-auguste maison d'Autriche, à l'endroit de l'adorable sacrement de l'Eucharistie, sur l'histoire de Rodolphe, comte d'Asbourg, premier empereur de ce nom et de cette famille. Ce déuost prince ayant eu rencontre au milieu de la campagne, vn pauure curé qui portoit la sainte Communion à vn villageois, et passoit d'vn village à vn autre, à pied et sans suitte, mit aussitost pied à terre, auec toute sa cour, et oubliant le déduit de la chasse, et tous autres desseins, fit monter sur vne haquenée le bon curé, auec son sacré dépost, et se mit à le suivre à pied, et à teste nue, en grande humilité et en profond respect, auec toute sa noblesse, jusqu'à la maisonnette du malade, qu'il visita, soulagea et consola cordialement, et puis reconduit auec mesme révérence le curé portant le sacré mystere, jusques dans l'Eglise de sa paroisse, par vn exemple mémorable de piété chrestienne et vrayment catholique. Dès-lors on a veu cette incomparable maison si prodigieusement releuée et si constament résolue de deffendre enuers et contre tous la vérité et l'honneur de ce sacrement des sacremens ; que nonobstant la jalousie et conspirations des autres princes et la haine implacable des hérétiques, elle est protégée de Dieu, duquel elle embrasse les intérests et a estendu ses branches par tout l'vniuers. C'est elle que la prouidence éternelle a choisie pour descouvrir les nouueaux mondes, et y porter la connoissance du vray Dieu et la communication de ce sacré saint mystere de notre foy. Aussi sur l'arc dont je parle, et au dessous du tableau où l'histoire de Rodolphe premier estoit peinte d'vne fort bonne main, l'inuenteur auoit fait escrire ce vers en lettres cubitales : *

De là l'heureuse Autriche agrandit ses Estats,
Et chaque jour sa gloire augmente auec esclat.

Je passe le reste sous silence, pour venir à la description du neufuième arc duquel j'aurois en-

---

* Haute d'une coudée.

trepris la direction ; c'est pourquoi j'en veux estaler plus au long les particularités d'autant que j'en ay meilleure souuenance, et qu'il pourra seruir d'eschantillon pour juger les autres ; car j'auoûe franchement qu'ils se surpassoient en inuention, en beauté et en enrichissement de pièces d'esprit. Il embrassoit tout le large de la rue entre le coin du collége de saint Hierosme, * et la maison des Camu, ** où j'estois logé pour ce tems-là ; il y restoit seulement vn peû d'espace vuide à chacun costé pour montrer l'òrnement des flancs ; je l'auois dressé sur la forme de celuy de Constantin que l'on voit encore à Rome, d'ordre corinthien, à double face, ayant trois portes voultées, la plus grande au milieu, et les deux moindres de part et d'autre, le dedans eûure du grand portail estoit de neuf pieds en largeur et dix-huit en hauteur ; les petits à la juste moitié ; la longueur de tout l'ouurage estoit de trente pieds ; le corps de la colonne d'vn pied et demy, et tout le surplus proportionné selon les

* Il fut fondé en 1194, par Antoine de la Roche, grand prieur de Cluny, qui lui assigna des revenus suffisans pour l'entretien des maîtres et d'un certain nombre de boursiers. D. Mabillon y découvrit en 1685, la Lettre ou l'Opuscule du Scoliaste Gozéchin. *Voy. l'Hist. litt. de la France*, tom. 7, pag. 500. Ce vaste édifice appartient actuellement aux Sœurs de la Visitation, et au D. Machard, auteur d'ouvrages estimés.

** Rue Mont-Roland, appartenant à M. Patouillot-Renaudin, receveur municipal.

mesures de Vitruue et des plus renommés architectes ; les colonnes estoient striées de bois de menuiserie, les chapitaux de plastre fort curieusement taillés et recherchés en leur feuillage, branches, vollutes et tailloirs, chaque colonne estoit supportée de son piedestal et soutenue de son pilastre derrière auec mesmes proportions et as sortimens ; par-dessus la première corniche qui montoit jusqu'à la hauteur de vingt quatre pieds, l'ouurage estoit surhaussé d'vn second estage de neuf pieds en haut auec quatre pilastres respondans aux quatre colonnes et soutenans la seconde corniche ; il y auoit encore au-dessus de tout, à l'endroit du plus spacieux portail, vn grand quadre eslevé et appuyé de ses consoles, couuert de frontons, et porté par vne large base. Sur les retours des pilastres qui respondoient aux colonnes du grand arc, il y auoit des esguilles ou pyramides eslevées jusqu'à la hauteur de la corniche du quadre, et sur les retours des extrémités estoient posées des vases desquels sortoient et s'eslançoient en l'air des flammes et des parfums. Les espaisseurs des portes estoient quatre pieds et demy, reuestues et voultées en parquets d'où pendoient des festons dorés ; les bases et les chapiteaux des colonnes et des pilastres, les cartouches et les compartimens, estoient peints comme de marbre blanc ;

les cymaises supérieures et inférieures des stylobates, et les frises de marbre noir tacheté de verd, comme estoient aussi les tables et plat fonds des inscriptions; tout le surplus de jaspe rouge marqueté de blanc. Sur le front des retours de la frise se présentoient des muffles de lyons dorés portant des boucles argentées pendantes de leurs gueules. En la première face, le tableau qui estoit dans le grand quadre d'en haut représentoit en platte peinture le saint Sacrement au milieu d'vn brasier, dont les flammes comme fuyantes ses approches, s'escartoient et venoient enuelopper des payens, des juifs, des Turcs, et des hérétiques abbattus à ses pieds. La frise du quadre portoit l'inscription de Dauid, qui, en ses lettres numéralles marque l'année de l'éuénement de ce miracle MDCVIII, tout ainsy qu'on le signale en nombres romains :

IgnIs ante IpsVM prœCeDet,
Le feu marchera deuant luy.

Et au pied du mesme cadre, le reste du verset sans nombres :

Et inflammabit in circuitu inimicos ejus. Psal. 96.
Et il embrasera de tous costés ses ennemis,

La grande base qui supportoit ce tableau, contenoit cet épigramme, auec l'épigraphe chronologique :

> Diuin médecin de nos âmes,
> Le poids de vostre amour vous entraisne vers nous,
> Le feu vous obéit, vous commandés aux flammes
> Et mon cœur brûle encore pour d'autres que pour vous ?
> Venés, accourés tous, contempler sa clémence ;
> Vous le verrés des corps vaincre la pesanteur,
> Et par vn nouueau coup de sa toute-puissance
> Vous y verrés le feu craindre son créateur !

J'ay tourné toutes mes inscriptions poetiques en vers françois, pour le contentement de ceux qui n'entendent pas le langage latin : encore qu'ils n'auront pas la mesme force, ni la mesme grace.

> Si ton esprit s'abbat sous le faix des richesses,
> Si la fumée estraint ton cœur ambitieux,
> Si tu sens les ardeurs d'vn amour furieux,
> Accours à ce soulas de toutes les tendresses.
> Icy le corps pesant s'eslève gayment,
> La fumeuse vapeur donne de l'ornement,
> Les brasiers innocens sont des feux d'allégresses.

Vn peu plus bas, entre les deux corniches et les deux pilastres du milieu, justement au-dessus du grand portail, estoit la dédication de l'arc dans vne spacieuse table de marbre noir moucheté de vert, comme de pierre serpentine, de figure ouale, enrichie d'vn compartiment de marbre blanc : l'inscription escritte en grandes lettres capitales d'argent, estoit la suiuante :

A Jésus-Christ,
Dieu tout bon et tout puissant,
vainqueur glorieux des flammes terrestres
et infernales ;
et de toute la force des élémens.

Le parlement et le peuple de Dole
luy offre ses très-humbles hommages
en reconnoissance de ce qu'il a confirmé, par cet insigne
miracle,
la vérité de cet auguste mystère,
conuaincu l'opiniatreté des hérétiques,
et auantagé la ville d'vn si riche tresord.

L. M. D. D. *

Les mots suiuans estoient inscrits sur la frise :

A l'Hostie ardente sans estre consumée.

Sur les plattes bandes des trois arcades des portes, on lisoit :

Ayant arresté l'actiuité des flammes, terrassé l'hérésie, et confirmé la religion.

Il y auoit quatre tableaux enchassés, deux au second estage, à droite et à gauche du grand escriteau, et deux au premier estage, au-dessus des deux petites portes. Le premier estoit partagé,

---

* Probablement : *la merueille de Dole.*

ayant en sa première partie, l'histoire de la sainte Hostie de Dijon, * qu'vn Juif piquotoit à coup de caniuet, d'où l'on voioit rejaillir des gouttes de sang ; et en l'autre partie, le pourtrait de l'embrasement de Fauerney, auquel les Hosties demeuroient entières au cœur des flammes. L'épigraphe disoit, auec Virgile, en meilleur sens :

Je sors victorieux et du fer et des flammes.

Vne autre fois, je la rendis chronographe en cette sorte :

Je marche sain et sauf tout au trauers des flammes.

Au pied du tableau, j'auois mis ce distique :

Impie! quid dubitas hominemque Deumque fateri?
Se probat esse hominem sanguine, et igne Deum.

Vois-tu pas en réalité
L'homme Dieu sous cette figure :
Son sang fait voir nostre nature,
Et le feu sa diuinité.

Le second tableau representoit les quatre élemens sous la figure de petits enfans. Le feu d'vne charnure rousse, les cheueux flamboyans, les ayles rayonnantes portant vn falot allumé d'vne main et vne salamandre de l'autre, voltigeoit en

* *Voy.* le livre intitulé : *Sauve Garde du ciel pour la ville de Dijon, ou remarques historiques et chrétiennes sur la sainte et miraculeuse hostie*, par Philibert Boulier, Dijon, Paillot, 1643, in-12.

haut, l'air d'autre part d'vne carnation blesme, la cheuelure de nuages, les aisles de papillon, tenant vn encenssoir d'vne main, voletoit à l'opposite ; la terre d'vn teint basané, ayant la teste couronnée de feüillage et de fleurs, présentoit vne corne d'abondance remplie de fruits ; l'eau de couleur tirant sur bleu, la perruque à ondes qui couloit sur les espaules, espanchoit vn torrent sortant d'vne cruche ; et tous quatre estoient en telle posture, qu'ils sembloient adorer les Hosties sacrées de Fauerney, dans leur Ciboire suspendu ou vuide du milieu. Le titre portoit ces mots :

> Le poids s'esleue ; l'air soutient ;
> Le feu l'embrase sans dommage :
> Et chaque élément fait hommage
> A Dieu que l'espèce contient.

Le troisième tableau ne contenoit que le pourtrait du miracle de Fauerney, ce quatrain estoit audessus :

> Ce corps qui reste entier et sain
> Est à la Déité cachée ;
> La blancheur que tu vois tachée
> N'est que la teinture du pain.

Le quatrième tableau estoit encore la représentation du miracle et portoit pour titre :

> Il sort entier, mais enfumé,
> Du cœur d'vne fournaise ardente,
> Pour seruir de preuue éuidente,
> Qu'il ne peut estre consumé.

La seconde face ne différoit en rien de la première que par la diuersité des figures et des inscriptions. Le grand cadre tout au-dessus estoit l'image de la ville de Dole, peinte comme vne dame coëffée sur la ressemblance de sa grande tour; sa cotte d'escarlatte semée de soleils d'or ; la brassière de bleu céleste chargé de lyons et de billettes d'or ; ses remparts et ses bastions paroissans derrière elle en perspectiue. Elle estoit à deux genoux deuant l'autel de l'Hostie miraculeuse, et lui offroit des clefs qu'elle tenoit en ses mains, pour les mettre en sa protection. On lisoit ces vers :

<blockquote>
Quand Jésus, sous ce pain, s'offrit en sacrifice,
Il nous représenta sa mort et passion ;
S'esleuant il marqua sa résurrection.
Comme il montoit au ciel, l'air lui fit mesme office ;
Le feu qui l'adorant prescha sa Déité,
Ressemble au St.-Esprit docteur de vérité :
Ce seul bienfait comprend tout autre bénéfice.
</blockquote>

Plus bas estoit l'inscription dédicatoire :

<blockquote>
A Jésus-Christ,
VNIQUE ET PUISSANT AUTEUR DES MIRACLES.
EN RECONNOISSANCE DE CE QU'IL A PRÉSERVÉ DES FLAMMES
L'HOSTIE IMMACULÉE DE SON SACRÉ CORPS;
DE CE QU'IL L'A SOUTENU
SUSPENDUE EN L'AIR PENDANT L'ESPACE DE 33 HEURES,
ET DE CE QU'IL A LAISSÉ SUR ELLE,
EN PREUUE DE CE PRODIGE,
LES MARQUES ET LES VESTIGES DU FEU,
LA METTANT A COUUERT, PAR CET INSIGNE MIRACLE,
</blockquote>

DES BLASPHESMES ET DES SACRILÈGES
DES IMPIES SACRAMENTAIRES.
LE PARLEMENT ET LE PEUPLE DE DOLE
LUY DESDIE CET ARC DE TRIOMPHE.

Dauantage, la frise portoit cet escriteau :

A cet auguste mystère triomphant des flammes et de
l'hérésie !

On lisoit sur les plattes bandes des arcades de chaque ouuerture :

A cet hoste si désiré
Vainqueur de nos ennemis
Conseruateur de la ville...

Au premier des quatre tableaux posés tant au plus haut qu'au plus bas estage, Jésus-Christ estoit représenté glorieux, ainsy qu'en la transfiguration, auec ces vers :

Il est victorieux des feux,
Le poids ne le sçauroit abattre
Et les tems ne l'ont pu combattre;
N'est-ce pas vn corps glorieux ?

Le second tableau estoit d'vn sacrifice dans le temple de Salomon, où le feu venant du ciel embrasoit et consumoit l'holocauste; voicy le dicton :

L'holocauste anciennement
Estoit consumé dans les flammes ;
Mais le nostre est le feu des âmes
Qui vit dedans l'embrasement.

L'histoire des trois jeunes gentihommes juifs qui furent jettés dans la fournaise de Babylone et garantis des flammes, estoit le sujet du quatrième tableau signalé par cette inscription :

> En vain tu doubles tes efforts,
> Car plutost ta flamme meurtrière
> Engloutiroit la mer entière
> Que d'offenser ces sacrés corps.

Le quatrième et dernier pourtrait estoit du voïage des enfans d'Israël, parmy les déserts, à la clarté d'vne colonne de feû durant la nuit, et à l'ombre d'vn nuage pendant les ardeurs du jour. Icy Moyse frappoit le rocher de sa verge, et en faisoit rejaillir des eaux en abondance : et là le peuple hébreux ramassoit la manne qui leur estoit envoyée du ciel ; ce qui estoit signifié par ce quatrain français :

> Suis ce guide qui sert à tout,
> Qui t'esclaire dans la nuit sombre,
> Qui, dans l'ardeur te fournit d'ombre,
> D'eau et de manne pour ton goust.

Après ce que je me suis trop longuement arresté sur ce particulier objet, je passeray plús légèrement sur le reste de l'appareil de cette pompe. Toutes les rues où la glorieuse Hostie deuoit passer estoient splendidement tapissées et ornées de tableaux et de piéces de deuotion. On y voioit quantité de petits autels chargés de vaisseaux précieux, et de cassolettes qui embeaumoient l'air par la suaue vapeur des encens et des parfums alliés auec la suauité des roses et d'autres fleurs et herbes odoriférentes. Ceux qui n'auoient pas de quoy chez eux pour fournir à ces ornemens, s'estoient seruis du crédit de leurs voisins et de leurs amis ou du dedans ou du dehors de la ville, par crainte de paroistre en vne rencontre si remarquable, moins zélés et moins déuosts que les autres. Il y auoit encore des chapelles et des autels plus signalés, et plus splendidement ajustés aux endroits où la sainte Hostie deuoit estre reposée. Le premier estoit deuant la maison de l'ancien Mayeur * où rien n'auoit esté espargné pour l'industrie, pour la richesse, et pour la magnificence.

Les dames de saint Bernard ** et les mères Carmélites *** auoient chacunes dressées le leur qui

---

* Rue de Besançon ; elle appartient à M. de Mayrot. Cette maison rappelle de curieux souvenirs : en 1459, les coutumes du comté de Bourgogne y furent rédigées, puis publiées en 1490, par Pierre Mettinger, 1er imprimeur à Dole. Lorsque Charles d'Amboise eut, en 1479, mis cette ville à feu et à sang, il logea dans cette maison, qui restait seule debout avec deux autres édifices. L. Gollut y écrivit ses mémoires sur la Séquanie et y mourut en 1595.

** La mère Dusillet, a conservé, dans un manuscrit in-4, l'histoire de ce pieux établissement.

*** Aujourd'hui maison Labet, rue Mont-Roland. Les carmélites furent établis à Dole en 1614, par noble Ferdinand Bereur, capitaine de cent hommes à cheval. Le P. Albert de S.-Jacques (Christophe Mercier) a donné *la vie de la vénérable mère Thérèze de Jésus, leur fondatrice en Franche-Comté de Bourgogne*, Lyon, 1673, in-4.

cédoient en valeur à ce premier ; mais qui excelloit en gentillesse et en propreté religieuses. Celuy que les pères Jésuittes auoient esleués au-dehors de leur Eglise, emportoit le prix pour l'inuention, mesmement d'vne colombe enfermée dans des nues qui descendoient, s'ouurirent à l'arriuée de la victorieuse Hostie, pour donner essor à ce pigeonneau qui voletan comm'vn saint Esprit à l'endroit du sacré Ciboire, posa dessus vne couronne de laurier et de roses qu'il portoit dans son bec, et espandit tout aux enuirons quantité de rayons et de langues brillantes comme de feu. Les pères Bénédictins auoient aussi préparé le leur à l'entrée du collége Saint-Hierosme, et l'auoient assortis des plus splendides paremens et reliquaires de leur Eglise. Tout à l'entour et à l'opposite du collége des escoliers, sous la conduite des Jésuittes, on ne voioit qu'énigmes, emblesmes, histoire, deuises, éloges, épigrammes, poëmes et autres saillies d'esprit à l'honneur du miracle et à la gloire de son auteur. Chaque régent auoit choisi quelque dessein particulier, auquel se rapportoient tous les ouurages de ses disciples, sous vne inscription générale, par vne louable et pieuse émulation des maîtres et des escoliers.

Voions maintenant l'ordre et la pompe de la procession. Les jeunes filles tenoient le premier rang après le confanon qui marchoit à la teste. Elles représentoient en leurs vestemens, en leur contenance, aux enseygnes qu'elles portoient, et en leur suitte, les femmes les plus illustres de l'ancien testament, selon l'ordre des tems, qui composoient la première trouppe. La seconde compagnie estoit de ces heureuses et vertueuses dames, qui ont eu le bonheur de connoistre de veüe notre débonnaire Sauueur, tandis qu'il conuersoit en terre, qui luy ont seruy cordialement, qui l'ont suiuy en sa gloire et en ses afflictions, en la vie et en la mort; qui l'ont veu ressuscité et monter glorieusement dans le ciel. La troisième bande faisoit suiure vn nombre choisy de ces saintes Vierges de la loy de grace qui n'ont eû de l'amour que pour ce céleste et tout aimable époux, et particulièrement de celles qui ont fait esclater vne ferueur particulière à l'endroit du très-adorable Sacrement dont elles portoient les enseygnes. Ces trois ordres estoient conduits par les déuostes sœurs de saint Vrsule, en fort bel ordre et en grande modestie. Celles-cy s'estoient estudiées auec les dames de la ville, à qui mieux mieux, de parer ces jeunes filles de tout ce qu'elles auoient pû rencontrer de plus précieux et de plus reuenant à la grandeur et à la dignité du sujet.

Les jeunes escoliers passoient après sous l'estendart de l'Hostie miraculeuse, et s'estoient pareillement repartis en trois bandes de différentes représentations ; les premiers faisoient voir les figures plus apparentes que l'ancienne loy nous a produittes par auance, pour autoriser la vérité de cette offrande des offrandes, de ce sacrement des sacremens et de cet abrégé des merueilles du tout puissant, dont les marques estoient portées par les patriarches, par les prophètes, et par les grands roys et grands capitaines, qui sont célébrés en l'histoire sainte. La piété mémorable de Rodolphe, comte d'Asbourg, premier empereur de l'inuincible maison d'Autriche, estoit mise en parade. Au milieu de cette pompeuse représentation, quatre pages marchoient les premiers à teste nue, le flambeau dans la main, deuant vn prestre reuestu de surplis et d'estôlle, qui portoit vn sacré Ciboire, et estoit monté sur vn beau cheual que deux estaffiers conduisoient et tenoient en raison ; il estoit suivy du comte d'Asbourg, qui marchoit à pied, botté et esperonné, le chapeau à la main et l'espée à la ceinture, et, après luy, nombre de courtisans vestus d'habillement de campagne et rangés deux à deux, auec grand respect ; et au bout, plusieurs cheuaux de main que des lacquets menoient par les resnes. C'estoit vn agréable spectacle de voir la troisième trouppe, les heresiarques de diuers

siècles, qui comme des géans outrecuidés, ont osé faire la guerre au mystère sacré saint de l'Eucharistie, enchaisnés par couples, la face confuse et espanchée contre terre, et les mains garottées derrière le dos, qui estoient traisnés en triomphe par les saints pères, patriarches et docteurs de l'Eglise catholique, qui chacun, en son siècle, ont combattu et conuaincu ces impies et renuersé leurs escadrons, par vne eminente doctrine et par vne solide piété. Tout cela estoit vestu à l'auantage et brillant d'or et pierreries, où le personnage demandoit vn ornement somptueux. Les trois compagnies qui marchoient auec ces pompeuses montres, estoient distinguées l'vne de l'autre par des chœurs de musique qui seruoient comme d'entr'actes, et donnoient beaucoup de contentement à l'ouye, par la mélodie de leurs airs sacrés*. . .
. . . .

Des enfans de la ville paroissoient à la teste, fort pompeusement couuerts et armés, ayant la pique de Biscaie en la main et son page deuant luy, portant sa rondache et son coutelas, et la bourguignotte** en teste surmontée d'vne touffe de panaches flottante derrière luy. Au front du batail-

---

* Ici le manuscrit de Boyvin offre une lacune d'environ deux pages.
** Casque de fer.

lon, six puissans jeunes hommes cuirassés soustenoient chacun sa large rondache* à l'epreuue du mousquet, peinte aux armes de la ville. L'autre bataillon, de pareille ordonnance, estoit rangé contre l'arc de triomphe, et tout le reste de la mousqueterie estendue en haye de l'vn des bataillons à l'autre et jusques à l'extrémité de la place qui en estoit bordée; à droitte et à gauche ils fleschirent tous le genouil, baissant les armes et les drapeaux au passage de l'Hostie triomphante; puis, se releuant en pied, firent vne salue générale de la mousqueterie, de fort bonne grace.

Lorsque la sainte Hostie fut arriuée à l'endroit de la porte qu'on appelle de Besançon, la garnison du Roy se fit voir en ordonnance, et après qu'elle eût rendu ses adorations au Dieu des armées, elle se tint en silence pendant que l'on reposa le Saint-Sacrement sur l'autel qui luy auoit esté préparé, comme nous auons dit cy-dessus, deuant la maison de l'aduocat Alix, ancien mayeur; ** vne forte excellente musique y fut chantée, et après que la bénédiction fut donnée au peuple, la procession

---

* Ancien bouclier.

** De cette famille était Pierre Alix, abbé de Saint-Paul et chanoine de la Métropole de Besançon. Courageux défenseur des droits de son chapitre touchant l'élection des Archevêques, il a publié à ce sujet plusieurs ouvrages intéressants.

poursuiuit sa marche que la garnison salua d'vne descharge générale de la mousqueterie : à ce signal, vingt-huit pièces de canon plantées quatre à quatre sur chaque bouleuard, descochèrent leur coup l'vn après l'autre, par esgaux interualles, excitans vne douce agitation par toute la ville. La seconde pose se fit au deuant de l'Eglise des dames de St.-Bernard, de l'ordre de Citeaux, où la musique fit résonner vn air pacifique, suiuy d'vne guerrière tyrade de la garde qui estoit à la porte du pont, la procession s'arresta pareillement à l'entrée du couuent des Carmélites, où les mesmes solennités furent faittes, et la garnison du Roy qui estoit mise en ordonnance au plus haut de la rue, deuant l'ancienne porte que l'on appelle de Mont-Roland, rendit le deuoir des armes par ses inclinations et par sa mousqueterie. Là, pour donner le contentement au clergé et aux corps principaux de voir la magnificence des representations que les filles et les jeunes escoliers auoient j'usques alors faits paroistre à la teste de la procession, on les fit venir dès la rue d'Arans, où ils s'estoient retirés à ce dessein, et passer par le milieu de celle de Mont-Roland, entre les Ecclésiastiques rangés en haye d'vn costé, et les Seigneurs du parlement et des autres compagnies à l'opposite. Ainsy, après leur passage, chacun des ordres suiuit et reprit son premier train. Dès que la sainte Hostie fut arriuée au deuant de l'Eglise des pères Jésuittes, on la posa sur l'autel qui auoit esté fort richement et ingenieusement dressé d'autre part, où elle reçut la couronne de fleurs qu'vne colombe viue, descendant d'vne nue qui s'entrouurit, lui vint justement placer dessus.

Les concerts de musique y furent redoublés, parce que les Jésuittes firent retentir la leur auec l'orgue et des voix choisies, dès la tribune qui est au dessus du portail de l'Eglise, où elle renforça ses accens auec de fort beaux motets, au départ de la procession. La dernière pose fut sur l'autel préparé deuant le collége Saint-Hiérosme, d'où l'on passa sur la place triangulaire du Vieil-Marché, où la garnison se présenta pour la troisième fois en bataillon, et salua le très-auguste Sacrement, et par adoration, et par soumission des armes, et encore par vne gaillarde mousqueterie. Enfin, repassant sur la Grande-Place, la bourgeoisie y parust ainsy qu'elle auoit fait à la sortie, auec les mesmes respects, salutations et tesmoignages d'allégresse, jusqu'à ce que l'adorable Hostie fut rentrée dedans la grande Eglise : la messe y fut célébrée pontificalement, et respondue à trois chœurs de musique, et puis la bénédiction générale donnée, auec l'Hostie miraculeuse, à tout le peuple. L'affluence des hommes fut si grande, dans cette solennité, que pendant la nuit, les rues et le paué seruirent de logis et de couche au menu peuple qui n'en auoit pu trouuer dans les maisons durant la journée. Ce fut vn continuel embarras d'allans et de venans par tous les endroits de la ville, et pendant la marche de la procession ; outre ceux qui l'accompagnoient et ceux qui estoient en armes, toutes les rues estoient bordées et les fenestres des maisons garnies de spectateurs en chaque estage ; la populace se portoit à la foule par les carrefours et les auenues où la sainte Hostie deuoit passer, se pressant jusqu'au danger de s'estouffer les vns les autres ; on n'y voioit pas seulement les habitans des lieux prochains, et des quartiers mesme les plus esloignés qui soient au pays, mais encore vn très-grand nombre d'estrangers qui estoient venus des prouinces voisines, spécialement de la duchée de Bourgongne, d'où plusieurs seigneurs et dames, conseilliers et aduocats du Parlement de Dijon, et autres de tout eage et de toute condition, estoient accourus pour voir cette pompe et pour prendre part à l'allégresse publique du triomphe de l'Eucharistie.

La veille et le jour de la procession, à l'issue des vespres, la jeunesse de la ville et bourgeoisie firent plusieurs exercices des armes. Ils se rangèrent sur la Grande-Place, bataillon contre bataillon, et escarmouchèrent plus d'vne heure par des marches de mousqueteurs auancés, et puis s'attaquèrent pique à pique. Les assaillans s'estans trouués foibles, firent leur retraite, parce que les soutenans auoient l'auantage du canon et les hales à dos. Mais ils retournèrent bientost après et à l'improuiste, par diuers auenues de la place, s'efforçant surtout de se rendre maistre du canon, et de surprendre ceux qui le gardoient et tenoient l'entrée des hales. Et tout cela d'vne telle dextérité, que nonobstant l'ardeur du combat qui estoit vne image des sérieuses attaques, bien peu s'en retirerent offensés et de légères atteintes.

Cinquante jeunes enfans de bonne maison, de l'eage de douze à quatorze ans, s'estant dressés par plusieurs jours au maniment de la pique, sous vn maistre fort adroit, en firent vn bataillon quarré d'hommes, ayans leur capitaine en teste, deux officiers aux flancs et vn en queue, auec leurs tambours et leurs fifres hors des rangs. Ce fut vn plaisir de les voir auancer et de marcher portans, selon les diuers commandemens de leurs officiers; premièrement la pique platte, puis dè biais, tantost droitte pour marcher en bataillons, tantost plantée en terre : doubler leurs rangs ou leurs files, les ouurir et les estendre, faire demi-tour à droitte ou à gauche, présenter la pique à l'vne ou à l'autre main, en auant ou en arrière faire les contremarches et les conuersions, tourner la pique sur l'espaule, la lancer en l'air, et la receuoir auec esgale mesure et en mesme tems, sans troubler leurs rangs ny rompre leurs files.

On les voioit faire alternativement front de tous costés, et arrestant le bout de la pique du pied droit, et la soutenant de la main gauche ferme contre le genouil, en présenter la pointe comme pour attendre vne caualerie, et mettre en mesme tems l'espée à la main droitte. Ces actions se rendoient plus agréables par la considération du bas eage des piquiers, qui ayant choisi des piques de mesure proportionnée à leur corps et à leurs forces, faisoient tous ces mouvemens auec vne grace nonpareille, et sembloient representer et renouueller la pratique de la danse pyrrichienne qu'on enseignoit autrefois aux enfans de Sparte.*

Ces magnificences et ces gentillesses, auec plusieurs autres semblables, ont esté continuées d'année à autre jusqu'en l'an seise cent et trentesix, que la guerre ouuerte dans la Franche-Comté,

---

* Cette danse s'exécutait en frappant sur des boucliers avec les armes, au son des instruments. On croit qu'elle fut inventée par Pyrrhus, fils d'Achille.

ayant redoublé la déuotion et la confiance de la ville de Dole, à l'endroit de cette miraculeuse Hostie, luy retrancha les moyens de faire esclater son zèle auec autant de pompe extérieure qu'elle auoit fait auparauant. Il est vray que les arcs de triomphe dont nous auons parlé n'auoient pas esté dressés chaque année, car quelques-vns ne se firent voir qu'à la première solennité; d'autres ne furent remontés que trois ou quatre fois, et d'aucuns parurent jusques à huit ou neuf fois seulement; mais le surplus se passa toujours auec vn somptueux appareil. Je me suis contenté d'en raconter vne partie, ayant encore confondu en quelques points, à dessein et en d'autres, comme il pourroit bien estre par oubliance ou par mesgarde, dans la description de la première solennité, quelques singularités de ce qui s'est fait seulement aux années suiuantes; aussi n'a-ce pas esté mon intention d'en dresser des annales, mais d'imprimer en gros, dans l'esprit de nos neueux, l'idée et l'esmulation de la piété de leurs ancestres. Je ne veux pas passer sous silence l'honneur que ce généreux prince Charles, duc de Lorraine,* fit à la ville, de vouloir estre spectateur de cette religieuse

---

* Charles IV, prince guerrier, mort en 1675, s'unit au général Galas, pour faire lever le siége de Dole.

pompe en l'an seise cent et trente-cinq, et d'auoir eû la pacience de voir tous les exercices, les escarmouches, les attaques et les résistances des bourgeois qui s'animèrent par sa présence et redoublèrent leurs efforts à sa considération : pour moy j'estime que ces combats de récréation et de parade ne sont pas de peu de fruit pour dresser la jeunesse au maniment des armes, et la rendre plus adroitte et plus courageuse aux occasions qui l'obligent de s'en seruir à bon escient. L'assurance et la promptitude qu'on y acquiert et l'accoustumance qu'on prend à voir briller le fer et le feu sur la face de tout près, sans s'en effraïer, laissent certaines impressions, qui estant animées d'vn peu de courage et de zèle à la chaleur d'vn véritable choc contre les ennemis, font courir gayment aux coups, sans aucune appréhension du péril; l'auons esprouvé en la bourgeoisie de cette ville, pendant le siége de quatre-vingt jours, qu'elle soutint heureusement et généreusement en l'an seise cent et trente-six, selon qu'il est representé au long dans le liure que j'ai publié de ce siége, des-lors encore que la désolation de la prouince, les embrasemens de tout ce qui estoit aux enuirons de Dole, le rauage de la peste et de la famine, les fresquentes inuasions, les dégasts faits à l'entour de la place, les courses continuelles des garnisons du voisinage, et les autres calamités que les guerres portent en trousse, ayant causé de nostables changemens aux facultés des citoyens, ils n'ont rien abbatu de leur ancienne ferueur pour célébrer cette procession anniuersaire ; si ça esté auec moins de splendeur, ça esté auec plus de sentiment de reconnaissance que jamais, et auec toute la parade que les saisons ont pû souffrir.

Pour conseruer vne mémoire esternelle de la déuotion des habitans de la ville de Dole, enuers le Très-Saint-Sacrement, je rapporterai encore ce qui est escrit dans la relation du siége de Dole, comme il est énoncé cy-deuant. *

« On ne peut pas nier, que Dieu, protecteur des
» fideles, n'ait fait esclater dans la ville de Dole des
» raïons de ses faueurs extraordinaires. Pendant
» qu'vne obstinée batterie battoit en ruine, et qui
» continua presque autant que le siége, et pour la-
» quelle il n'y auoit rien de saint ny d'inuiolable ; il
» arriua le sixieme de juin, qu'vne bale de gros ca-
» non pointé en la batterie deuers Besançon, ayant
» donné par vne fenestre de la croisée de la grande
» Eglise, et passé contre la muraille opposée,
» qu'elle ne fit presque qu'escorcher, rejaillit en
» dedans, et tomba au milieu de plus de trois cens

---

* *Voy.* édition d'Anvers, pages 124, 156, 157, 159, 160.

» p'ersonnes, qui entendoient la messe à genouil de-
» uant la sainte Chapelle, sans qu'vn seul en fut
» tant soit peu interessé. Peu de jours après, vne
» autre perçant par le plus haut de la fenestre de la
» croupe, à l'endroit du grand autel, alla briser le
» doubleau qui soutient la maistresse voulte à l'en-
» trée du chœur, d'où tombèrent plus de six voitures
» de quartiers de grosses pierres, en vn tems qu'on
» célébroit le très-auguste Sacrifice, que plus de
» deux cens personnes entendoient, aux enuirons
» du lieu où vint fondre cette ruine; mais si heu-
» reusement arrangés par la disposition diuine,
» qu'vn seul d'entr'eux n'en fut atteint.

» C'estoit la commune creance de la ville, que le
» Saint-Sacrement la protégeoit contre l'ennemy,
» qui l'auoit inuestie pendant l'octaue dediée à l'hon-
» neur de ce mystère ineffable; duquel la très-au-
» guste Maison d'Austriche releue ses grandeurs et
» prospérités, comme de la source inespuisable de
» tout bon-heur. L'hostie miraculeuse se presentoit
» à nos yeux, comme vn bouclier impénétrable au
» feu et aux flammes, enuoyé du ciel pour diuinité
» tutélaire de la ville. On auoit fait imprimer des bil-
» lets bénis et sanctifiés par l'attouchement du sacré
» saint Reliquaire, que chacun prenoit pour mar-
» ques de salut. Il n'y auoit vne seule maison où l'on
» ne vist vn de ces bulletins affiché aux portes, con-

» tenant les mots suivans : Loué soit et adoré le
» Très-Saint Sacrement de miracle, conseruateur
» de la ville de Dole. La sainte chapelle estoit rem-
» plie de peuple dès le matin jusques à la nuit : les
» dames s'y retiroient au son des alarmes, comme
» dans vn donjon inexpugnable, et y perséuéroient
» en prières jusqu'au retour de la tranquillité : elle
» estoit continuellement ardante de telle quantité de
» flambeaux de cire blanche, qu'on auoit peine de
» croire, qu'vne place assiégée en put tant et si lon-
» guement fournir. La sainte Messe y estoit célébrée
» comme vn sacrifice sans relasche, dès la pointe du
» jour jusqu'après midy : et falloit que le Prestre,
» qui vouloit succéder à vn autre pour offrir le diuin
» Holocauste, vinst gagner le coin de l'autel à bonne
» heure, reuestu de ses ornemens sacerdotaux,
» la messe acheuée, s'il ne vouloit estre préuenu
» par vn troisième; et quoy que la presse des assis-
» tans y fut toujours extreme, on n'a jamais veü
» homme ny femme s'esbranler ou mouuoir de sa
» place, pour bombes ou canonades qui tonnassent
» aux contours de cette chapelle, qui leur sembloit
» vne cité de refuge, et vne forteresse inebranlable.
» La pluspart des soldats et citoïens portoient,
» attaché sous le reuers du pourpoint à l'endroit
» du cœur, vn petit rouleau qui comprenoit en peu
» de mots, l'adoration de l'Eucharistie, la vénération

» de la Vierge, la profession de la foy de l'Eglise
» vniuerselle, et la protestation de viure et mourir
» Catholiques.

» Le sexe le plus infirme se ressentoit de cette
» commune genérosité : ce n'estoit que l'ordi-
» naire de voir des femmes de qualité présenter
» elles-mesmes, au son du tocsin, les armes
» à leurs maris, à leurs enfans, à leurs frères;
» puis s'en aller aux Eglises prosterner deuant la
» sainte Hostie, pour combattre par leurs prières,
» pendant que les hommes menoient les mains
» contre leurs ennemis. Deux personnes de creance
» et d'authorité asseurent, qu'en la plus furieuse
» attaque qui fut donnée à la porte d'Arans, ils
» reconnurent deux femmes desguisées en hommes,
» qui estoient sorties auec l'arquebuse, et qui se
» meslèrent en l'escarmouche. On a veû souuent
» la femme d'vn aduocat tirer dès dessus la mu-
» raille force mousquetades sur l'ennemy. »

FIN.

MANDEMENT

DE MONSEIGNEUR L'ARCHEUESQUE, AU SUJET DU MIRACLE ARRIUÉ EN L'EGLISE ABBATIALE DE FAUERNEY, ÈS FESTES DE PENTECOSTE.

Du 10 juillet 1608.

FERDINAND DE LONGUY, dit de RYE, par la grace de Dieu et du Saint-Siége Apostolique, Archeuesque de Besançon, Prince du Saint-Empire, etc. A tout le clergé et peuple de nostre diocèse, salut et bénédiction. La diuine Prouidence, qui dispose toutes choses sagement, préuoyant qu'aux derniers siècles, plusieurs séducteurs s'esleueroient, et l'iniquité abonderoit, selon que l'arrogance et la superbe des ennemis de Dieu [dit le psalmiste] va toujours en montant, et que l'impiété des modernes hesrétiques s'eslanceroit jusqu'au trosne du Fils de Dieu, pour nous vouloir arracher de son siége, au Saint-Sacrement de l'autel, sa réelle présence ; cette sagesse diuine a voulu, contre la furie des géans modernes et enfans de la terre, qui ne s'arrestent qu'à leurs sens et propre jugement, munir son Eglise, qui est la tour mystique de Dauid, et de mille targues et boucliers, ainsi qu'il est dict aux cantiques, entre lesquels sont les miracles et œuures surnaturelles, que le Tout-Puissant a produit pour la desfense de la réalité du corps et sang de Jésus-Christ en la sainte Eucharistie. Et comme, de fraische mémoire sur ce sujet, ce grand Dieu en a produit vn solennel en cestuy, nostre diocèse de Besançon, à la vue d'vn grand nombre de Fidèles, Nous, pendant qu'il estoit encore récent, et auant que la présomption humaine le vint à desguiser, ou supposer en son lieu vne chose pour vne autre, pour nostre charge pastorale et pour ne point cacher la gloire des œuures de Dieu, l'auons voulu faire reconnoistre, et à ces fins, auons incontinent ordonné à nos Procureur-Général et premier Advocat-Fiscal, auec le Secrétaire de nostre conseil Archiépiscopal, de se transporter sur le lieu, et informer à plein de tout ce qui s'en seroit passé, obseruant les formalités en tel cas requises ; ce qu'ayant fait, ils nous auroient rapportés leur besogne et procédure, avec la desposition de cinquante-deux tesmoins irresprochables, par lesquels il auroit suffisamment apparu qu'en l'ancienne Eglise Abbatiale de Nostre-Dame de Fauerney, dès quelques années, ont esté concédées indulgences par le Saint-Siége Apostolique, à tous ceux qui deuotement la visitent et fréquentent ès jours de Pentecoste ; à raison de quoi, pour y exciter dauantage la deuotion du peuple, le 24 de may de l'an présent 1608, veille de ladite feste de Pentecoste, auroit esté dressé selon la coustume des années précédentes, près des treillis de fer qui sépare le presbitéral du chœur, vne table de bois en forme d'autel, parée et reuestue, tant par les costés que par le derrière, de courtines et autres ornemens, et couuerte par le haut du dais ou poësle de ladite Eglise, sur laquelle table, à vne palme près desdits treillis, auoit esté mis vn tabernacle orné de draps de soie, sur vn petit degré de bois, et dans ledit tabernacle, sur vn marbre sacré, couuert d'vn corporal, auroit esté posé vn reliquaire d'argent pesant plus d'vn marc, au milieu duquel il y a vne branche et tuyau de cristal couché de sa longueur et en trauers, dans lequel est vn doigt de sainte Agathe martyre, et sur ledit corps de cristal est enté vn cercle d'argent comprenant les deux vitres dans lesquelles estoit exposé le Saint-Sacrement, en deux hosties consacrées le dit jour. Ce qu'ayant esté fait, seroit arriué que la nuit du jour de Pentecoste, vingt-cinquième dudit mois de may, le feu se prit et s'attacha tellement auxdits ornemens et nappes, que non seulement il brûla les courtines et poësle dessus [hormis toutefois la partie d'iceluy qui couuroit la sainte Eucharistie], mais aussi le tabernacle et le degré de bois sur lequel il estoit posé à la partie de la table de bois qui touchoit lesdits treillis et soutenoit le tout, mesme le marbre sacré sur lequel reposoit le Saint-Sacrement et Reliquaire, tomba, et fut trouué rompu en trois pièces, et l'enchâssure d'iceluy brûlée avec la partie de ladite table, en vn brasier sur le paué, au milieu duquel feu et embrasement, le dit Reliquaire dans lequel reposoit le Saint-Sacrement. auroit esté non-seulement conseruéd sans lésions, mais encore s'estant retiré de sa place d'enuiron vne palme en deuers lesdits treillis de fer, seroit demeuré de sa mesme hauteur suspendu en l'air, sans aucun soutien ; et bien que lesdits treillis fussent branlans, et à tout coup rudement agités, pour estre mal retenus, à cause mesme que la base de bois qui les supporte et l'vn des poteaux dans lesquels ils sont enclaués, furent en partie brûlés ; néanmoins ledit Reliquaire et Saint-Sacrement, nonobstant tout mouuement desdits treillis, demeura immobile et suspendu en l'air, tout estant consumé dessous, sans estre supporté d'aucune chose que de la vertu diuine, et fut, ledit Reliquaire, ainsi suspendu par l'espace de trente-trois heures ou enuiron, et en cette sorte vu de tout le peuple, tant de Fauerney, qui se trouùa aussitost dans ladite Eglise, que des lieux circonuoisins, qui y accoururent par milliers, et persista ainsi jusques à dix heures, ou enuiron, du matin du mardi, troisième feste de ladite Pentecoste, lorsqu'vn sieur Curé voisin, venu en procession auec son peuple, sur le bruit de cette nouuelle, celébroit la sainte messe au grand autel de ladite Eglise, en présence de grand nombre de personnes deuotement assemblées, pendant laquelle célébration, vn cierge posé, auec les autres, deuant ledit Reliquaire, s'esteignit par trois fois sans aucune cause apparente, et à l'instant de la première esléuation du Saint-Sacrement ; et à mesure que ledit sieur Curé celébrant la messe, le rabaissoit, ledit Reliquaire descendit de soy-mesme doucement et se posa proprement sur vn missel couuert d'vn corporal, mis sur vn ais qu'on auoit auancé de quelque distance sous iceluy, à l'effet de le receuoir auec plus de reuérence, s'il venoit à tomber; ce qui fut visiblement apperçu de plusieurs, tant hommes que femmes et enfans.

De quoi nous estant veritablement et pleinement informé, ayant en nostre conseil Archiépiscopal exactement pesé le tout, et y appellé bon nombre de Théologiens, Canonistes et Jurisconsultes, auec l'Inquisiteur de la Foi, et examiné sérieusement et mûrement la besogne de nostredit Procureur-Général et Aduocat-Fiscal, tant en secrette information que procédure faitte par eux en présence de graues et idoines personnes, mesmement ecclésiastiques, et ayant reconnus que ce fait surpassoit le cours ordinaire de nature; pour ne celer les merueilles de Dieu, et qui touchent au bien de toute l'Eglise catholique et consolation des Fidèles, nous auons voulu assurer, et tous autres, de la verité de ce miracle, affin de considérer deuotement, et prendre garde à ce que par iceluy nostre Dieu demande de nous en cette saison, pour son honneur et gloire, et à cette occasion, et le deuoir de nostre charge, exhortons tous et vn chacun de l'vn et de l'autre sexe de nostre diocèse, de besnir et de louer Dieu en toutes ses œuures, particulièrement en celle-cy tant miraculeuse, et se confirmer dauantage en la foi et reuerence de ce Saint-Sacrement, se rendre dignes des graces et faueurs qui se communiquent auec les preparations requises. Recommandons du surplus à tous les Preslats, Pasteurs des ames et autres Ecclésiastiques tant séculiers que réguliers de nostre diocèse, d'estre fort vigilans à ce qui concerne le culte et piété de ce Saint-Sacrement ; que les Eglises, Autels, Calices, Ciboires, Tabernacles et autres ornemens soient propres et bienséans, comme ce tant haut Mystère le requiert, et quand la necessité sera de le porter aux malades, qu'il soit fait auec le respect dû à la Majesté diuine, et qu'il soit conuenablement suiuy et accompagné ; exhortant encore à cet effet les confréries dressées à l'honneur de ce Saint-Sacrement ; surtout enjoignons, quand il sera exposé publiquement sur l'autel, qu'il y ait continuellement quelqu'vn en l'Eglise, tant pour faire prières, que pour remedier aux incidens qui pourroient suruenir, priant Dieu de tout nostre cœur qu'il lui plaise tourner ce miracle à sa plus grande gloire, à la conuersion des hesrétiques, au bien vniuersel de son Eglise, et defense de la vérité, et particulièrement au bien de nostre diocèse, au repos et bonheur de tous les Princes chrétiens, nommément de leurs Altesses Sérénissimes, ès terres et seigneuries desquelles ce tant signalé miracle est arriué, à la consolation et esdification de tout son peuple, et à l'augmentation de graces, vertus et deuotion à vn chacun de nous.

Donné à Besançon, en nostre conseil Archiépiscopal, le dixième juillet, l'an de grace seize cent et huit. Par ordonnance de mondit Seigneur Illustrissime et Reuérendissime Archeuesque.

ARREST

DU PARLEMENT DE DOLE SUR LE MODE D'ESLECTION DES MAYEURS ET ESCHEUINS.

« Les Président et gens tenant la cour souueraine du parlement
» à Dole, appellé auec eux messire Jean Faulquier, cheualier
» seigneur de Commenailles, bailli dudit Dole, satisfaisant au
» contenu des lettres qu'il a plu à Madame* leur escrire touchant
» l'ordre et le gouuernement de la mayerie dudit Dole, qu'elle
» ordonne par sesdites lettres estre faict et desclaré par ladite
» cour, après auoir vu les mémoires et adresses sur ce donnés par
» les au présent Mayeur, escheuins et conseillers dudit Dole, ont
» pour obuier aux inconuesniens qui s'en peuuent ensuiure,
» statué et ordonné, par manière de prouision, et jusqu'autrement
» en soit ordonné, que doresnauant chacun an le maire, les
» escheuins et conseillers dudit Dole, s'assembleront en leur
» conseil, au jour accoustumé faire l'eslection dudit maire, et
» illec esliront seise bons et notables personnages des plus appa-
» rens de ladite ville et des quatre quartiers d'icelle, les quels ils
» feront venir en leur conseil, et en iceluy, par foi et serment tous
» par ensemble esliront le dit Mayeur le plus idoine et suffisant
» dudit Dole ; lesquels seise personnages, de trois ans en trois
» ans, ensemble les dits nouuel Mayeur et escheuins pourront,
» par bonne et meure délibération, déporter quatre des dits con-
» seillers y estans et au dessous, selon qu'ils verront estre nécessaire,
» et en lieu d'iceulx en nommeront quatre autres ou moindre
» nombre, tel que par eux sera déporté, des plus notables, idoines
» et récéans que l'on treuuera en la dite ville. »

* L'infante Isabelle-Claire-Eugénie, morte en 1633.